Succès boursier : naviguer sur le marché pour créer une richesse à long terme

© 2024 par John G. Stringer

Tous droits réservés. Aucune partie de ce livre ne peut être reproduite, distribuée ou transmise sous quelque forme ou par quelque moyen que ce soit, y compris la photocopie, l'enregistrement ou d'autres méthodes électroniques ou mécaniques, sans l'autorisation écrite préalable de l'éditeur, sauf dans le cas de brèves citations incorporées. dans des critiques critiques et dans certaines autres utilisations non commerciales autorisées par la loi sur le droit d'auteur. Pour les demandes d'autorisation, écrivez à l'éditeur, adressé à « Attention : Coordinateur des autorisations », à l'adresse ci-dessous.
John G. Stringer

Conception de la couverture par Kings Media Consult
Imprimé aux États-Unis d'Amérique
Première édition : 2024

Préface

Le marché boursier a longtemps été une source d'opportunités, promettant un potentiel de croissance financière significative et de richesse à long terme. Pourtant, pour beaucoup, cela reste un domaine labyrinthique et intimidant. « Succès boursier : naviguer sur le marché pour créer une richesse à long terme » a été conçu avec une mission claire : démystifier les complexités de l'investissement boursier et fournir une feuille de route pratique aux investisseurs novices et chevronnés.

En tant qu'auteurs de ce livre, nous avons été témoins du pouvoir transformateur de l'investissement éclairé. Notre expérience collective des marchés financiers nous a appris que le succès en bourse n'est pas une question de chance ou de connaissances privilégiées, mais une question de compréhension, de stratégie et de discipline. C'est cette philosophie qui constitue l'épine dorsale de ce livre.

À une époque où l'information est abondante et souvent écrasante, donner un sens au marché boursier peut s'avérer particulièrement difficile. Ce livre vise à passer à travers le bruit, en offrant des conseils clairs et concis sur tous les aspects de l'investissement. Des bases de la mécanique boursière aux techniques analytiques avancées, nous nous efforçons de vous fournir les connaissances et la confiance nécessaires pour prendre des décisions d'investissement éclairées.

"Stock Market Success" est structuré pour s'adresser à un large public. Que vous commenciez votre parcours d'investissement ou cherchiez à affiner vos stratégies existantes, vous trouverez des informations précieuses adaptées à votre niveau d'expérience. Chaque chapitre s'appuie sur le précédent, créant un guide complet qui évolue avec vous à mesure que votre compréhension s'approfondit.

L'un des principes fondamentaux de ce livre est l'importance d'une formation complète en matière d'investissement. Nous mettons l'accent non seulement sur les aspects techniques et analytiques de la sélection de titres, mais également sur les éléments psychologiques et stratégiques. En abordant ces composants aux multiples facettes, nous espérons vous préparer aux défis réels du marché boursier.

De plus, ce livre est le produit de notre croyance dans l'apprentissage et l'adaptation continus. Les marchés financiers sont en constante évolution, influencés par les événements mondiaux, les progrès technologiques et l'évolution des paysages économiques. Nous vous encourageons à considérer ce livre comme une base sur laquelle vous pouvez construire, en élargissant continuellement vos connaissances et en adaptant vos stratégies pour répondre aux demandes d'un marché dynamique.

Nous avons également consacré une attention particulière à l'investissement éthique et durable.

Dans le monde d'aujourd'hui, aligner vos investissements sur vos valeurs est non seulement possible, mais de plus en plus important. Nous explorons comment vous pouvez intégrer les facteurs environnementaux, sociaux et de gouvernance (ESG) dans vos décisions d'investissement, contribuant ainsi à un avenir plus durable tout en créant votre patrimoine.

Alors que vous vous lancez dans ce voyage avec nous, nous vous invitons à aborder l'investissement avec curiosité, patience et volonté d'apprendre. Le chemin vers le succès boursier est un marathon, pas un sprint, et avec les bons outils et le bon état d'esprit, vous pouvez le parcourir avec succès.

Merci d'avoir choisi « Succès boursier : naviguer sur le marché pour créer une richesse à long terme ». Nous sommes honorés de faire partie de votre parcours d'investissement et sommes impatients de vous aider à atteindre vos objectifs financiers.

Sincèrement, John G. Stringer.

TABLE DES MATIÈRES

Préface

Introduction : Le parcours vers le succès boursier

Chapitre 1 : Comprendre les bases du marché boursier

Chapitre 2 : L'importance de la littératie financière

Chapitre 3 : Fixer des objectifs financiers et des stratégies d'investissement

Chapitre 4 : Gestion des risques et diversification

Chapitre 5 : Analyser les actions : analyse fondamentale

Chapitre 6 : Analyse des stocks : analyse technique

Chapitre 7 : Investissement à long terme ou à court terme

Chapitre 8 : Construire un portefeuille solide

Chapitre 9 : Le rôle des dividendes dans la création de richesse
Chapitre 10 : La psychologie de l'investissement
Chapitre 11 : Naviguer sur les marchés haussiers et baissiers
Chapitre 12 : Mise en œuvre fiscale et comptes d'investissement
Chapitre 13 : Tirer parti de la technologie pour réussir sur le marché
Chapitre 14 : Investissement éthique et durable
Chapitre 15 : Opportunités d'investissement mondiales
Chapitre 16 : Apprendre de l'histoire du marché
Chapitre 17 : Éviter les pièges courants en matière d'investissement
Conclusion : naviguer sur la voie du succès boursier
Remerciements
AUTRES LIVRES PAR AUTEUR

Succès boursier : naviguer sur le marché pour créer une richesse à long terme

AUTEUR
JOHN G. STRINGER

Introduction : Le parcours vers le succès boursier

Bienvenue dans « Succès boursier : naviguer sur le marché pour créer une richesse à long terme ». Que vous soyez un investisseur novice qui débute tout juste votre parcours ou un trader expérimenté cherchant à affiner vos stratégies, ce livre se veut votre guide complet pour maîtriser le marché boursier. Investir en bourse peut être l'un des moyens les plus efficaces de créer de la richesse à long terme, mais cela nécessite des connaissances, de la discipline et une approche stratégique.

La bourse est souvent perçue comme un espace intimidant et complexe, réservé aux experts financiers et aux traders chevronnés. Cependant, avec la bonne compréhension et les bons outils, n'importe qui peut participer et réussir. Ce livre démystifie le marché boursier, décomposant ses concepts et pratiques en éléments compréhensibles et fournissant des informations exploitables pour vous aider à prendre des décisions éclairées.

Dans les chapitres qui suivent, nous explorerons les éléments fondamentaux de l'investissement boursier. Vous découvrirez les différents types d'actions, les principaux acteurs du marché et les concepts financiers essentiels. Nous approfondirons l'analyse fondamentale et technique, vous dotant des compétences nécessaires pour évaluer les actions et identifier les opportunités rentables.

L'un des aspects essentiels d'un investissement réussi consiste à fixer des objectifs financiers clairs et à développer une stratégie d'investissement solide. Nous vous guiderons tout au long de ce processus, en vous aidant à définir vos objectifs et à créer un plan adapté à vos aspirations financières et à votre tolérance au risque.

La gestion des risques et la diversification sont essentielles pour protéger vos investissements contre la volatilité des marchés. Ce livre vous apprendra comment atténuer les risques et construire un portefeuille diversifié qui équilibre les rendements potentiels avec des niveaux de risque acceptables.

La création de richesse à long terme ne consiste pas seulement à sélectionner les bonnes actions ; cela implique également de comprendre les aspects psychologiques de l'investissement. Les émotions peuvent avoir un impact significatif sur les décisions d'investissement, et nous discuterons des stratégies permettant de maintenir une approche disciplinée et d'éviter les pièges psychologiques courants.

Le marché boursier est dynamique, influencé par divers facteurs économiques, politiques et technologiques. Nous explorerons les implications de ces changements et comment vous pouvez adapter vos stratégies pour garder une longueur d'avance. De plus, nous aborderons l'importance de l'investissement éthique et durable, en tenant compte des facteurs environnementaux, sociaux et de gouvernance (ESG) dans vos décisions d'investissement.

Tout au long de ce livre, vous trouverez des conseils pratiques, des exemples concrets et des conseils d'experts pour améliorer votre compréhension et votre confiance. À la fin de ce voyage, vous disposerez des connaissances et des outils nécessaires pour naviguer efficacement sur le marché boursier et créer un patrimoine à long terme.

Embarquons ensemble dans ce voyage passionnant, transformant votre avenir financier et réussissant en bourse.

Chapitre 1 : Comprendre les bases du marché boursier

Introduction

Le marché boursier est depuis longtemps la pierre angulaire de la création de richesse, offrant aux particuliers et aux institutions la possibilité d'investir dans des entreprises et de partager leur croissance et leurs bénéfices. Pour naviguer dans cet environnement complexe et souvent volatile, il est crucial d'en comprendre les aspects fondamentaux. Ce chapitre approfondit les concepts de base du marché boursier, les acteurs essentiels, les types d'actions et les mécanismes clés qui animent le marché.

Qu'est-ce que la Bourse ?

Le marché boursier, également connu sous le nom de marché des actions, est une plateforme où s'achètent et se vendent des actions (actions de propriété d'entreprises). Il répond à deux objectifs principaux : il offre aux entreprises un moyen de lever des capitaux en émettant des actions, et il offre aux investisseurs un moyen d'acheter et de vendre ces actions, profitant potentiellement du succès des entreprises.

Les marchés boursiers sont souvent synonymes de bourses, comme la Bourse de New York (NYSE) et le NASDAQ, où se déroulent la plupart des transactions. Cependant, le marché boursier comprend également des bourses plus petites et des marchés de gré à gré (OTC) où sont négociés des titres non cotés sur les principales bourses.

Acteurs clés du marché

Plusieurs acteurs clés interagissent au sein du marché boursier, chacun avec des rôles et des motivations distincts :

1. **Investisseurs individuels** : ce sont des gens ordinaires qui achètent et vendent des actions via des comptes de courtage. Leurs objectifs d'investissement peuvent aller des gains à court terme à l'accumulation de richesse à long terme.
2. **Investisseurs institutionnels** : il s'agit notamment des fonds de pension, des fonds communs de placement, des compagnies d'assurance et des hedge funds. Ils disposent généralement de ressources financières importantes et peuvent influencer les mouvements du marché grâce à leurs transactions importantes.
3. **Entreprises** : les entreprises émettent des actions pour lever des capitaux pour l'expansion, la recherche et le développement ou d'autres activités d'entreprise. Ils interagissent avec le

marché principalement par le biais d'offres publiques initiales (IPO) et d'offres secondaires.
4. **Courtiers et sociétés de courtage** : Les courtiers agissent comme intermédiaires entre les acheteurs et les vendeurs, facilitant les transactions moyennant une commission. Les sociétés de courtage peuvent être des courtiers traditionnels (à service complet) ou à escompte.
5. **Les teneurs de marché** : il s'agit d'entités (souvent des banques ou des sociétés de courtage) qui fournissent des liquidités au marché en achetant et en vendant des actions à partir de leurs propres comptes, garantissant ainsi qu'il y a toujours un acheteur ou un vendeur disponible pour une action donnée.
6. **Régulateurs** : des organisations comme la Securities and Exchange Commission (SEC) aux États-Unis supervisent le marché pour garantir l'équité, la transparence et l'application des lois et réglementations.

Types d'actions

Les actions peuvent être classées en plusieurs types, chacun ayant des caractéristiques et des implications distinctes pour les investisseurs :

1. **Actions ordinaires** : elles représentent la propriété d'une entreprise et permettent aux actionnaires de voter sur les questions liées à l'entreprise et de recevoir des dividendes. Les actionnaires ordinaires sont les derniers à pouvoir réclamer leurs actifs en cas de liquidation.
2. **Actions privilégiées** : elles offrent aux actionnaires un droit plus élevé sur les actifs et les bénéfices que les actions ordinaires. Les actions privilégiées offrent généralement des dividendes fixes et ne comportent pas de droit de vote. Ils peuvent constituer une option intéressante pour les investisseurs à la recherche d'un revenu stable.
3. **Actions de croissance** : émises par des entreprises qui devraient connaître une croissance supérieure à la moyenne par rapport aux autres entreprises. Ces actions ne versent généralement pas de dividendes, car les

bénéfices sont réinvestis pour alimenter une croissance ultérieure. Ils peuvent offrir des rendements élevés mais comportent un risque plus élevé.

4. **Actions de valeur** : il s'agit d'actions de sociétés qui semblent sous-évaluées sur la base de l'analyse fondamentale. Les actions de valeur versent souvent des dividendes et peuvent offrir une marge de sécurité en raison de leur prix inférieur par rapport à leur valeur intrinsèque.

5. **Actions de premier ordre** : actions de grandes sociétés bien établies et financièrement solides avec un historique de performances fiables et de dividendes stables. Les exemples incluent des sociétés comme Apple, Microsoft et Johnson & Johnson.

6. **Actions à dividendes** : ce sont des actions connues pour verser des dividendes réguliers et élevés. Ils sont souvent favorisés par les investisseurs en quête de revenus, comme les retraités.

7. **Penny Stocks** : actions de petites entreprises à bas prix et hautement spéculatives. Ils peuvent offrir des gains importants mais

comportent des risques importants en raison de leur volatilité et de leur manque de liquidité.

Comment les actions sont négociées

Les actions sont négociées en bourse selon un processus qui implique diverses étapes et mécanismes :

1. **Passer un ordre** : les investisseurs passent des ordres par l'intermédiaire de courtiers, en spécifiant le titre, la quantité et le prix auquel ils souhaitent acheter ou vendre. Les ordres peuvent être des ordres au marché (exécutés au prix actuel du marché) ou des ordres limités (exécutés uniquement à un prix spécifié ou mieux).
2. **Ordres correspondants** : Sur la bourse, les ordres sont rapprochés par les teneurs de marché ou via un carnet d'ordres électronique. Lorsqu'un ordre d'achat et un ordre de vente répondent aux critères spécifiés, une transaction est exécutée.

3. **Règlement** : Une fois qu'une transaction est exécutée, elle doit être réglée, ce qui signifie que l'acheteur paie le stock et que le vendeur le livre. Le règlement intervient généralement deux jours ouvrables après la date de transaction (T+2).

4. **Clearing** : Le processus de mise à jour des comptes des parties commerciales et d'organisation du transfert des actions et de l'argent est géré par des chambres de compensation, telles que la National Securities Clearing Corporation (NSCC) aux États-Unis.

Principales bourses

Comprendre les principales bourses boursières est essentiel pour les investisseurs :

1. **New York Stock Exchange (NYSE)** : Situé à Wall Street à New York, le NYSE est la plus grande bourse au monde en termes de capitalisation boursière. Connue pour ses exigences strictes en matière de cotation, elle

héberge de nombreuses sociétés de premier ordre.

2. **NASDAQ** : également basé à New York, le NASDAQ est connu pour son système de trading électronique et héberge de nombreuses entreprises technologiques et en croissance, notamment des géants comme Apple, Amazon et Google.

3. **Bourse de Londres (LSE)** : L'une des bourses les plus anciennes au monde, la LSE est une plaque tournante financière clé en Europe et répertorie des sociétés du monde entier.

4. **Tokyo Stock Exchange (TSE)** : La plus grande bourse du Japon, la TSE est cruciale pour la négociation des actions japonaises et est un acteur important sur le marché asiatique.

5. ** Bourse de Shanghai (SSE) ** : l'une des principales bourses de valeurs de Chine, la SSE joue un rôle essentiel dans la croissance de l'économie chinoise.

Indices boursiers

Les indices boursiers sont des outils essentiels pour suivre la performance de segments de marché spécifiques :

1. **Dow Jones Industrial Average (DJIA)** : Composé de 30 grandes entreprises américaines, le DJIA est l'un des indices les plus anciens et les plus reconnus, servant de baromètre de l'ensemble du marché boursier.
2. **S&P 500** : Cet indice comprend 500 des plus grandes sociétés américaines et est largement considéré comme le meilleur indicateur de la performance globale du marché boursier américain.
3. **NASDAQ Composite** : Cet indice couvre toutes les actions cotées à la bourse NASDAQ, avec un accent important sur les sociétés technologiques et biotechnologiques.
4. **FTSE 100** : Représentant les 100 plus grandes sociétés cotées à la Bourse de Londres, le FTSE 100 est un indicateur clé du marché boursier britannique.

5. **Nikkei 225** : indice de référence de la Bourse de Tokyo, composé de 225 grandes sociétés cotées en bourse au Japon.

Phases et cycles du marché

Le marché boursier évolue à travers diverses phases et cycles, influencés par les conditions économiques, le sentiment des investisseurs et d'autres facteurs :

1. **Marchés haussiers** : caractérisés par une hausse des cours boursiers, un optimisme économique et une confiance croissante des investisseurs. Les marchés haussiers peuvent durer plusieurs années et offrir d'importantes opportunités de gains.
2. **Marchés baissiers** : marqués par la baisse des cours boursiers, le pessimisme économique et la baisse de confiance des investisseurs. Les marchés baissiers peuvent également durer pendant de longues périodes et sont souvent considérés comme des périodes de risque plus élevé.

3. **Corrections du marché** : Une baisse à court terme de 10 % ou plus du cours des actions par rapport aux sommets récents, souvent considérée comme un élément normal des cycles de marché et une opportunité d'achat potentielle.
4. **Récessions et reprises** : Les ralentissements économiques (récessions) peuvent conduire à des marchés baissiers prolongés, tandis que les reprises déclenchent souvent le début de nouveaux marchés haussiers.

L'importance de la littératie financière

Pour naviguer avec succès sur le marché boursier, les investisseurs doivent avoir des compétences financières. Cela implique de comprendre les principaux états financiers, les indicateurs de marché et les principes économiques :

1. **États financiers** : ceux-ci comprennent le compte de résultat, le bilan et le tableau des flux de trésorerie. Ils donnent un aperçu de la

rentabilité, de la santé financière et de la génération de trésorerie d'une entreprise.
- **Compte de résultat** : affiche les revenus, les dépenses et les bénéfices sur une période spécifique.
- **Bilan** : résume l'actif, le passif et les capitaux propres à un moment précis.
- **État des flux de trésorerie** : détaille les entrées et sorties de trésorerie liées aux activités d'exploitation, d'investissement et de financement.
2. **Indicateurs de marché** : des outils tels que le ratio cours/bénéfice (P/E), le rendement des dividendes et la capitalisation boursière aident à évaluer la valeur et le potentiel des actions.
3. **Indicateurs économiques** : des facteurs tels que la croissance du PIB, les taux de chômage et l'inflation influencent les conditions du marché et doivent être surveillés par les investisseurs.

Fixer des objectifs financiers et des stratégies d'investissement

Un investissement efficace nécessite des objectifs financiers clairs et des stratégies bien définies :

1. **Définir des objectifs financiers** : les objectifs doivent être spécifiques, mesurables, réalisables, pertinents et limités dans le temps (SMART). Les exemples incluent l'épargne pour la retraite, le financement des études ou l'achat d'une maison.
2. **Élaborer un plan d'investissement** : cela implique de sélectionner les classes d'actifs appropriées, de déterminer la tolérance au risque et de fixer un calendrier. Un portefeuille diversifié aligné sur les objectifs financiers et la tolérance au risque est essentiel pour le succès à long terme.

Gestion des risques et diversification

La gestion du risque est un élément essentiel d'un investissement réussi :

1. **Comprendre les risques de marché** : les risques comprennent le risque de marché, le risque de taux d'intérêt, le risque d'inflation et le risque spécifique à l'entreprise. Reconnaître et comprendre ces risques est la première étape pour les gérer.
2. **Stratégies de diversification** : La diversification entre les classes d'actifs (actions, obligations, immobilier), les secteurs et les régions géographiques peut aider à atténuer les risques. L'objectif est de créer un portefeuille équilibré capable de résister à diverses conditions de marché.

Analyser les actions : analyse fondamentale

L'analyse fondamentale est le processus d'évaluation de la santé financière et des perspectives d'une entreprise afin de déterminer sa valeur intrinsèque. Cette approche implique l'examen de diverses mesures financières, indicateurs économiques et facteurs qualitatifs. Voici quelques éléments essentiels de l'analyse fondamentale :

1. **Ratios financiers clés** :
- **Ratio cours/bénéfice (P/E)** : mesure le cours actuel de l'action de la société par rapport à son bénéfice par action. Un P/E plus élevé peut indiquer qu'une action est surévaluée ou suggérer des attentes de croissance future élevées.
- **Ratio Price-to-Book (P/B)** : compare la valeur marchande d'une entreprise à sa valeur comptable. Un ratio AP/B inférieur à 1 peut indiquer un titre sous-évalué.
- **Ratio dette/capitaux propres (D/E)** : Indique la proportion relative des capitaux propres et de la dette utilisée pour financer les actifs d'une entreprise. Un ratio D/E inférieur suggère généralement un bilan plus sain.
- **Retour sur capitaux propres (ROE)** : mesure la rentabilité d'une entreprise en révélant le montant des bénéfices qu'une entreprise génère avec l'argent investi par les actionnaires. Un ROE plus élevé indique une gestion efficace et une utilisation rentable des capitaux propres.

- **Rendement des dividendes** : indique le montant de dividendes qu'une entreprise verse chaque année par rapport au cours de son action. Il s'agit d'une mesure cruciale pour les investisseurs axés sur le revenu.

2. **Évaluer les performances de l'entreprise** :
- **Rapports sur les bénéfices** : régulièrement publiés par les entreprises, ces rapports fournissent des informations sur les revenus, les marges bénéficiaires, le bénéfice par action (BPA) et les prévisions futures. Une croissance constante des bénéfices est un indicateur positif.
- **Qualité de gestion** : La compétence et les antécédents de l'équipe de direction d'une entreprise peuvent avoir un impact significatif sur ses performances. Les changements de leadership et les décisions stratégiques sont des facteurs essentiels à prendre en compte.
- **Avantage concurrentiel** : Connu sous le nom de fossé économique, il s'agit des avantages uniques qui permettent à une entreprise de surpasser ses concurrents. Il peut s'agir d'une

marque forte, de brevets, d'avantages en termes de coûts ou d'effets de réseau.

3. **Analyse industrielle et économique** :
- **Tendances du secteur** : Comprendre la dynamique du secteur dans lequel une entreprise opère peut fournir un contexte pour ses performances et ses perspectives. Examinez la taille du marché, les taux de croissance et l'environnement réglementaire.
- **Facteurs macroéconomiques** : les indicateurs économiques tels que la croissance du PIB, les taux d'intérêt et l'inflation affectent les conditions globales du marché et peuvent influencer la performance des actions individuelles.

Analyser les actions : analyse technique

L'analyse technique consiste à évaluer les données passées du marché, principalement le prix et le volume, pour prévoir les mouvements futurs des prix. Il repose sur l'hypothèse que les prix du marché reflètent toutes les informations disponibles et que les modèles présentés dans les graphiques de prix peuvent indiquer les tendances futures.

1. **Lecture des graphiques boursiers** :
- **Graphiques linéaires** : graphiques simples qui affichent les prix de clôture au fil du temps. Ils offrent une vision claire des tendances à long terme.
- **Graphiques à barres** : affichez les prix d'ouverture, haut, bas et de clôture pour chaque période. Ces graphiques donnent plus de détails que les graphiques linéaires.
- **Graphiques en chandelier** : similaires aux graphiques à barres mais avec une représentation plus visuelle des mouvements de prix. Ils aident à identifier des modèles qui indiquent des tendances haussières ou baissières.

2. **Identifier les tendances et les modèles** :
- **Lignes de tendance** : lignes droites tracées sur un graphique qui relient deux ou plusieurs niveaux de prix. Ils aident à identifier la direction du mouvement du prix d'une action.

- **Niveaux de support et de résistance** : Le support est un niveau de prix où une action a tendance à trouver un intérêt d'achat, tandis que la résistance est un niveau où l'intérêt de vente est prédominant. Ces niveaux peuvent indiquer des points d'entrée et de sortie potentiels.
- **Moyennes mobiles** : calculées en faisant la moyenne du prix d'une action sur une période spécifique. Les types courants incluent la moyenne mobile simple (SMA) et la moyenne mobile exponentielle (EMA). Ils lissent les données sur les prix pour identifier les tendances.
- **Indicateurs techniques** : des outils tels que l'indice de force relative (RSI), la divergence de convergence moyenne mobile (MACD) et les bandes de Bollinger fournissent des informations supplémentaires sur les mouvements de prix et les inversions potentielles.

3. **Analyse des volumes** :
- **Tendances du volume** : le volume mesure le nombre d'actions négociées au cours d'une période donnée. Une augmentation du volume

indique généralement des tendances plus fortes, tandis qu'une diminution du volume peut signaler un renversement potentiel.
- **Oscillateurs de volume** : des indicateurs tels que le volume en solde (OBV) et la tendance des prix en volume (VPT) analysent le volume par rapport aux mouvements de prix pour fournir un contexte supplémentaire.

Investissements à long terme ou à court terme

Les stratégies d'investissement peuvent être largement classées en long terme et à court terme, chacune présentant des avantages et des risques distincts.

1. **Avantages de l'investissement à long terme** :
- **Croissance composée** : L'investissement à long terme permet aux rendements de se composer au fil du temps, conduisant à une croissance exponentielle.

- **Coûts de transaction réduits** : moins de transactions signifient des coûts inférieurs associés à l'achat et à la vente.
- **Avantages fiscaux** : les plus-values à long terme sont souvent imposées à des taux inférieurs à ceux des gains à court terme.
- **Stabilité émotionnelle** : les investisseurs à long terme sont moins susceptibles de réagir à la volatilité des marchés à court terme, ce qui réduit le risque de prise de décision émotionnelle.

2. **Risques et récompenses du trading à court terme** :
- **Potentiel de gains rapides** : le trading à court terme peut générer des bénéfices importants sur une courte période.
- **Risque plus élevé** : La volatilité accrue et la nécessité d'un timing précis rendent les transactions à court terme plus risquées.
- **Augmentation des coûts** : des transactions plus fréquentes entraînent des coûts de transaction plus élevés et des taxes potentiellement plus élevées.

- **Strain émotionnel** : Le rythme rapide et la surveillance constante requis peuvent être stressants.

Construire un portefeuille solide

Construire un portefeuille d'investissement solide implique une planification stratégique et une gestion continue.

1. **Construction de portefeuille** :
- **Allocation d'actifs** : répartition des investissements entre différentes classes d'actifs (actions, obligations, immobilier) en fonction de la tolérance au risque, de l'horizon temporel et des objectifs financiers.
- **Diversification sectorielle** : Répartir les investissements entre différents secteurs pour réduire l'exposition aux risques spécifiques au secteur.
- **Diversification géographique** : Y compris les actions internationales pour atténuer les risques spécifiques à chaque pays et exploiter les opportunités de croissance mondiale.

2. **Révision et rééquilibrage réguliers du portefeuille** :
- **Évaluation des performances** : examen régulier de la performance des investissements individuels et de l'ensemble du portefeuille.
- **Rééquilibrage** : Ajuster le portefeuille pour maintenir l'allocation d'actifs souhaitée. Cela peut impliquer de vendre des actifs surperformants et d'acheter des actifs sous-performants.
- **Rester informé** : suivre les tendances du marché, les développements économiques et les changements dans les investissements individuels pour prendre des décisions éclairées.

Le rôle des dividendes dans la création de richesse

Les dividendes peuvent jouer un rôle important dans la création de richesse, en particulier pour les investisseurs axés sur le revenu.

1. **Comprendre les dividendes** :

- **Paiements de dividendes** : paiements réguliers effectués par une entreprise à ses actionnaires, généralement dérivés des bénéfices.
- **Rendement du dividende** : Le paiement du dividende divisé par le cours de l'action, exprimé en pourcentage. Il indique le retour sur investissement d'un investissement.
- **Croissance des dividendes** : les entreprises qui augmentent régulièrement leurs versements de dividendes au fil du temps peuvent générer des flux de revenus croissants et signaler leur santé financière.

2. **Plans de réinvestissement des dividendes (DRIP)** :
- **Réinvestissement automatique** : les DRIP permettent aux investisseurs de réinvestir automatiquement les dividendes dans des actions supplémentaires de la société, souvent sans payer de frais de commission.
- **Effet cumulatif** : Le réinvestissement des dividendes peut améliorer considérablement les

rendements à long terme grâce au pouvoir de la capitalisation.

La psychologie de l'investissement

Investir consiste autant à gérer ses émotions qu'à prendre des décisions rationnelles. Comprendre et surmonter les préjugés psychologiques est crucial pour le succès à long terme.

1. **Surmonter les préjugés émotionnels** :
- **Peur et cupidité** : La peur peut conduire à vendre dans la panique pendant les ralentissements du marché, tandis que la cupidité peut conduire à une prise de risque excessive pendant les hausses du marché.
- **Biais de confirmation** : tendance à rechercher des informations qui confirment les croyances existantes, en ignorant les preuves contraires. Cela peut conduire à une mauvaise prise de décision.
- **Mentalité de troupeau** : Suivre la foule peut conduire à acheter haut et vendre bas,

contrairement au principe fondamental d'acheter bas et de vendre haut.

2. **Développer une approche disciplinée** :
- **Créer un plan** : Un plan d'investissement bien pensé aide à maintenir la concentration et la discipline.
- **S'en tenir au plan** : adhérer à votre stratégie pendant les fluctuations du marché évite une prise de décision émotionnelle.
- **Apprendre de ses erreurs** : l'analyse des erreurs d'investissement passées peut fournir de précieuses leçons et améliorer la prise de décision future.

Naviguer sur les marchés haussiers et baissiers

Comprendre comment gérer les différentes conditions du marché est essentiel pour réussir à long terme.

1. **Stratégies pour les marchés haussiers** :

- **Surfer sur la tendance** : dans un marché haussier, concentrez-vous sur les actions de croissance et les secteurs prêts à bénéficier de l'expansion économique.
- **Prendre des bénéfices** : prendre progressivement des bénéfices lors de reprises prolongées peut verrouiller les gains et réduire les risques.

2. **Survivre et prospérer dans les marchés baissiers** :
- **Investissements défensifs** : concentrez-vous sur les actions défensives, telles que les services publics et les biens de consommation de base, qui ont tendance à être moins affectées par les ralentissements économiques.
- **Trouver des opportunités** : les marchés baissiers peuvent offrir des opportunités d'acheter des actions de qualité à des prix réduits.

Implications fiscales et comptes de placement

Comprendre les implications fiscales de l'investissement et choisir les bons comptes de placement peut améliorer les rendements après impôt.

1. **Comprendre la fiscalité des investissements** :
- **Impôt sur les plus-values** : Impôt sur le bénéfice réalisé lors de la vente d'un actif. Les plus-values à long terme sont imposées à un taux inférieur à celui des gains à court terme.
- **Impôt sur les dividendes** : les dividendes qualifiés sont imposés à un taux inférieur à celui des revenus ordinaires, tandis que les dividendes non qualifiés sont imposés aux taux des revenus ordinaires.

2. **Comptes fiscalement avantageux** :
- **Comptes de retraite individuels (IRA)** : offrent une croissance à impôt différé ou libre d'impôt, selon le type d'IRA (traditionnel ou Roth).
- **Plans 401(k)** : Plans de retraite parrainés par l'employeur avec croissance à impôt différé

et cotisations de contrepartie potentielles de l'employeur.
- **Épargne santé Comptes (HSA)** : offrent un triple avantage fiscal : les cotisations sont déductibles d'impôt, la croissance est exonérée d'impôt et les retraits pour frais médicaux admissibles sont exonérés d'impôt. Les HSA peuvent également être utilisés comme véhicules d'investissement à long terme.

Choisir la bonne maison de courtage

Choisir la bonne maison de courtage est une étape critique de votre parcours d'investissement. Différents courtiers offrent différents niveaux de service, frais et fonctionnalités.

1. **Types de maisons de courtage** :
- **Courtiers à service complet** : fournissent une large gamme de services, notamment des conseils en investissement, la planification de la retraite et la planification fiscale. Les exemples incluent Morgan Stanley et Merrill Lynch. Ces

courtiers facturent généralement des frais plus élevés.
- **Courtiers à escompte** : offrent moins de services mais facturent des frais moins élevés. Les exemples incluent Charles Schwab, Fidelity et TD Ameritrade. Ces courtiers conviennent aux investisseurs autonomes.
- **Robo-Advisors** : plateformes automatisées qui assurent une gestion de portefeuille basée sur des algorithmes. Les exemples incluent l'amélioration et le front de la richesse. Ils offrent des frais peu élevés et sont idéaux pour ceux qui recherchent une approche pratique.

2. **Évaluation des maisons de courtage** :
- **Frais et commissions** : comparez le coût des transactions, les frais de tenue de compte et d'autres frais.
- **Options d'investissement** : assurez-vous que la maison de courtage propose les types d'investissements qui vous intéressent, tels que des actions, des obligations, des ETF, des fonds communs de placement et des options.

- **Plateforme et outils** : évaluez la qualité et la convivialité de la plateforme de trading, des outils de recherche et des ressources pédagogiques.
- **Service client** : Tenez compte de la disponibilité et de la qualité du support client.

Le rôle des conseillers financiers

Les conseillers financiers peuvent fournir des conseils précieux, en particulier à ceux qui débutent dans l'investissement ou qui connaissent des situations financières complexes.

1. **Types de conseillers financiers** :
- **Planificateurs financiers certifiés (CFP)** : Conseillers possédant une certification démontrant une expertise en planification financière, y compris les investissements, la retraite, les impôts et la planification successorale.
- **Conseillers en investissement enregistrés (RIA)** : Fiduciaires tenus d'agir dans le

meilleur intérêt de leurs clients. Ils facturent souvent des frais basés sur un pourcentage des actifs sous gestion.
- **Courtiers-négociants** : Conseillers qui peuvent gagner des commissions sur la vente de produits financiers. Ils sont soumis à une norme d'adéquation, ce qui signifie que les recommandations doivent être appropriées au client.

2. **Quand envisager un conseiller financier** :
- **Situations financières complexes** : Si vous avez plusieurs objectifs financiers, des actifs importants ou des besoins complexes en matière de planification fiscale ou successorale.
- **Manque de temps ou d'expertise** : Si vous n'avez pas le temps ou l'expertise nécessaire pour gérer efficacement vos investissements.
- **Désir d'orientation professionnelle** : Si vous préférez avoir un professionnel pour vous aider à prendre des décisions financières et à vous responsabiliser.

Indicateurs économiques et leur impact sur le marché boursier

Les indicateurs économiques donnent un aperçu de la santé de l'économie et peuvent influencer considérablement la performance des marchés boursiers.

1. **Indicateurs économiques clés** :
- **Produit intérieur brut (PIB)** : mesure la production économique totale d'un pays. Une forte croissance du PIB est souvent corrélée à des bénéfices d'entreprise et à des performances boursières robustes.
- **Taux de chômage** : Indique le pourcentage de la population active qui est au chômage. Un chômage élevé peut signaler une faiblesse économique, tandis qu'un chômage faible indique généralement une force économique.
- **Taux d'inflation** : mesure le taux auquel les prix des biens et services augmentent. Une inflation modérée est normale, mais une inflation élevée peut éroder le pouvoir d'achat et avoir un impact sur les bénéfices des entreprises.

- **Taux d'intérêt** : fixés par les banques centrales, les taux d'intérêt influencent les coûts d'emprunt et les dépenses de consommation. Des taux bas ont tendance à stimuler la croissance économique, tandis que des taux plus élevés peuvent la ralentir.
- **Indice de confiance des consommateurs** : évalue le sentiment des consommateurs à l'égard de l'économie. Une confiance élevée des consommateurs peut entraîner une augmentation des dépenses et une croissance économique.

2. **Interprétation des données économiques** :
- **Indicateurs avancés** : prédisez l'activité économique future, comme les nouvelles commandes de biens durables et les permis de construire.
- **Indicateurs retardés** : reflètent les performances économiques passées, telles que le taux de chômage et les bénéfices des entreprises.
- **Indicateurs coïncidents** : évoluent simultanément avec l'économie, comme la production industrielle et les niveaux de revenus personnels.

L'économie mondiale et l'investissement international

Investir sur les marchés internationaux peut offrir des avantages en matière de diversification et une exposition à des opportunités de croissance en dehors du marché intérieur.

1. **Avantages de l'investissement international** :
- **Diversification** : réduit le risque en répartissant les investissements sur différentes économies et marchés.
- **Opportunités de croissance** : Accès aux marchés émergents à fort potentiel de croissance.
- **Exposition aux devises** : Potentiel de gains résultant de mouvements favorables des taux de change.

2. **Risques liés aux investissements internationaux** :

- **Risque politique** : les changements dans les politiques gouvernementales, l'instabilité politique et les changements réglementaires peuvent avoir un impact sur les investissements.
- **Risque de change** : Les fluctuations des taux de change peuvent affecter la valeur des investissements internationaux.
- **Risque de marché** : différentes dynamiques de marché, notamment une liquidité plus faible et une volatilité plus élevée, peuvent présenter des risques supplémentaires.

3. **Façons d'investir à l'international** :
- **Actions internationales** : achat direct d'actions de sociétés cotées en bourse.
- **American Depositary Receipts (ADR)** : titres cotés aux États-Unis qui représentent des actions de sociétés étrangères.
- **Fonds communs de placement et ETF internationaux** : véhicules d'investissement en pool qui offrent une exposition diversifiée aux marchés internationaux.

L'impact de la technologie sur l'investissement

La technologie a révolutionné le paysage de l'investissement, le rendant plus accessible et plus efficace.

1. **Plateformes de négociation en ligne** : permettent aux investisseurs d'acheter et de vendre des titres par voie électronique, souvent à des coûts inférieurs à ceux des méthodes traditionnelles.
- **Avantages** : Trading en temps réel, frais réduits, accès aux outils de recherche et d'analyse et facilité d'utilisation.
- **Défis** : Nécessite un certain niveau de compétence technique et peut conduire à des comportements de trading impulsifs.

2. Trading algorithmique : utilise des algorithmes informatiques pour exécuter des transactions basées sur des critères prédéterminés.

-Trading à haute fréquence (HFT) : forme de trading algorithmique qui exécute un grand nombre d'ordres à des vitesses extrêmement élevées. Cela peut améliorer la liquidité du marché mais également contribuer à la volatilité.
-Robo-Advisors : plateformes automatisées qui gèrent des portefeuilles à l'aide d'algorithmes basés sur les objectifs et la tolérance au risque de l'investisseur.
-Blockchain et Crypto-monnaies : Technologies émergentes qui remodèlent les marchés financiers.
-Blockchain : une technologie de registre décentralisé qui sous-tend les crypto-monnaies. Il offre des applications potentielles dans les processus de négociation, de compensation et de règlement. Crypto-monnaies : monnaies numériques ou virtuelles qui utilisent la cryptographie pour la sécurité. Ils constituent une classe d'actifs alternative, mais s'accompagnent d'une forte volatilité et d'une incertitude réglementaire. Investissement éthique et durable L'investissement axé sur les critères

environnementaux, sociaux et de gouvernance (ESG) devient de plus en plus populaire.

Comprendre l'investissement ESG :
-Environnemental : les facteurs incluent l'impact d'une entreprise sur l'environnement, tel que l'empreinte carbone, la gestion des déchets et l'efficacité des ressources.
-Social : se concentre sur la responsabilité sociale, y compris les pratiques de travail, l'engagement communautaire et les droits de l'homme.
-Gouvernance : implique des pratiques de gouvernance d'entreprise, telles que la diversité du conseil d'administration, la rémunération des dirigeants et la transparence.

Avantages de l'investissement ESG :
-Performance à long terme : les entreprises ayant de solides pratiques ESG peuvent être mieux placées pour réussir à long terme.
-Atténuation des risques : les facteurs ESG peuvent aider à identifier les risques potentiels

liés aux problèmes environnementaux et sociaux.

-Alignement avec les valeurs : permet aux investisseurs d'aligner leurs investissements sur leurs valeurs personnelles et leurs objectifs d'impact sociétal.

Les défis de l'investissement ESG :

-Disponibilité des données : des données ESG incohérentes et incomplètes peuvent rendre difficile l'évaluation des entreprises.

-Compromis en matière de performance : équilibrer les critères ESG avec la performance financière peut être complexe.

-Stratégies d'investissement ESG : Criblage négatif : Exclusion des entreprises ou des secteurs qui ne répondent pas à des critères ESG spécifiques.

-Sélection positive : sélection d'entreprises qui obtiennent de bons résultats sur les critères ESG.

-Investissement thématique : se concentrer sur des thèmes ESG spécifiques, tels que les énergies renouvelables ou l'impact social.

Comprendre les bases du marché boursier est la base sur laquelle repose un investissement réussi. Ce chapitre a fourni un aperçu complet des aspects essentiels de l'investissement boursier, y compris les types d'actions, les principaux acteurs du marché, les mécanismes de négociation et les techniques d'analyse. Il a également abordé l'importance de la littératie financière, de la définition d'objectifs d'investissement, de la gestion des risques et des aspects psychologiques de l'investissement. À mesure que vous avancez dans votre parcours d'investissement, n'oubliez pas que la connaissance est votre outil le plus puissant. Informez-vous continuellement, restez informé des tendances du marché et des indicateurs économiques et adaptez vos stratégies aux conditions changeantes. Avec une solide compréhension des bases et une approche disciplinée, vous pouvez naviguer efficacement sur le marché boursier et créer un patrimoine à long terme.

Chapitre 2 : L'importance de la littératie financière

La littératie financière est la pierre angulaire d'un investissement efficace et de la création de richesse. Cela implique de comprendre et d'appliquer diverses compétences financières, notamment la gestion financière personnelle, la budgétisation et l'investissement. Dans ce chapitre, nous explorerons pourquoi la culture financière est cruciale pour naviguer sur le marché boursier et créer un patrimoine à long terme. Nous approfondirons les différents aspects de la littératie financière, son impact sur les décisions d'investissement et proposerons des étapes pratiques pour améliorer vos connaissances financières.

Définir la littératie financière

La littératie financière englobe un large éventail de connaissances et de compétences financières. Cela implique de comprendre comment fonctionne l'argent, comment prendre des décisions financières éclairées, comment gérer ses dettes, comment épargner et investir judicieusement et comment planifier ses besoins financiers futurs.

1. **Concepts financiers de base** :
- **Budget** : processus de création d'un plan pour dépenser votre argent. Cela garantit que vous disposez de suffisamment d'argent pour vos besoins et que vous êtes en mesure d'épargner et d'investir pour l'avenir.
- **Épargner et investir** : Comprendre la différence entre épargner (mettre de l'argent de côté pour des besoins à court terme) et investir (mettre de l'argent dans des actifs pour générer des rendements à long terme).
- **Gestion de la dette** : Savoir utiliser le crédit à bon escient et gérer la dette pour éviter les pièges financiers.
- **Planification de la retraite** : préparer financièrement la retraite en comprenant les comptes de retraite, les régimes de retraite et

l'importance de cotisations anticipées et cohérentes.

2. **Concepts financiers avancés** :
- **Intérêts composés** : processus par lequel les intérêts sur un dépôt ou un prêt sont calculés sur la base à la fois du principal initial et des intérêts accumulés des périodes précédentes.
- **Risque et rendement** : La relation entre le risque d'un investissement et son rendement potentiel. Un risque plus élevé est généralement associé à des rendements potentiels plus élevés, et vice versa.
- **Allocation d'actifs** : processus de division de votre portefeuille d'investissement entre différentes catégories d'actifs, telles que les actions, les obligations et l'immobilier, pour gérer les risques et maximiser les rendements.

L'impact de la littératie financière sur les décisions d'investissement

La littératie financière a un impact direct sur votre capacité à prendre des décisions d'investissement éclairées et efficaces. Voici comment:

1. **Comprendre la dynamique du marché** :
- **Tendances et indicateurs du marché** : les investisseurs ayant des connaissances financières peuvent interpréter les tendances du marché et les indicateurs économiques, tels que la croissance du PIB, les taux de chômage et l'inflation, qui influencent les cours des actions.
- **Évaluation des actions** : grâce à leurs connaissances financières, les investisseurs peuvent analyser les états financiers de l'entreprise, comprendre les principaux ratios financiers et prendre des décisions éclairées sur les actions à acheter ou à vendre.

2. **Gestion des risques** :
- **Diversification** : Les investisseurs avertis comprennent l'importance de diversifier leurs portefeuilles pour répartir les risques et réduire les pertes potentielles.
- **Stratégies de couverture** : des connaissances financières avancées permettent

aux investisseurs d'utiliser des stratégies de couverture, telles que les options et les contrats à terme, pour se protéger contre la volatilité du marché.

3. **Finance comportementale** :
- **Biais psychologiques** : la culture financière aide les investisseurs à reconnaître et à atténuer les préjugés psychologiques, tels que l'excès de confiance, le comportement grégaire et l'aversion aux pertes, qui peuvent avoir un impact négatif sur les décisions d'investissement.
- **Contrôle émotionnel** : Les investisseurs instruits sont mieux équipés pour maintenir une discipline émotionnelle et s'en tenir à leurs stratégies d'investissement lors des fluctuations du marché.

Exemples concrets de littératie financière

Pour illustrer l'importance de la littératie financière, examinons quelques exemples concrets :

1. **Warren Buffett** :
- **Discipline financière** : Warren Buffett, l'un des investisseurs les plus prospères de tous les temps, attribue son succès à ses connaissances financières. Il souligne l'importance de comprendre les états financiers et d'investir dans les entreprises qu'il comprend.
- **Perspective à long terme** : La stratégie d'investissement de valeur de Buffett (acheter des sociétés sous-évaluées et les conserver sur le long terme) démontre l'importance de la culture financière pour identifier et capitaliser sur les opportunités d'investissement.

2. **Susan, une investisseuse personnelle** :
- **Gestion des dettes** : Susan, une enseignante de Denver, a réussi à rembourser 30 000 $ de prêts étudiants en cinq ans en appliquant ses connaissances financières. Elle a créé un budget, réduit les dépenses inutiles et augmenté son taux d'épargne.
- **Investissement réussi** : Avec l'argent économisé grâce au remboursement de sa dette, Susan a commencé à investir dans un

portefeuille diversifié de fonds indiciels. Ses connaissances financières lui ont permis de choisir des fonds à faible coût et de comprendre les avantages de l'achat périodique par sommes fixes.

Étapes pour améliorer la littératie financière

Améliorer vos connaissances financières est un processus qui dure toute la vie. Voici quelques étapes pratiques pour améliorer vos connaissances financières :

1. **Ressources pédagogiques** :
- **Livres et publications** : La lecture de livres sur les finances personnelles et l'investissement peut constituer une base solide. Les titres notables incluent « The Intelligent Investor » de Benjamin Graham et « Rich Dad Poor Dad » de Robert Kiyosaki.
- **Cours et didacticiels en ligne** : des sites Web comme Coursera, Khan Academy et Investopedia proposent des cours gratuits et payants sur divers sujets financiers.

- **Actualités et revues financières** : rester au courant de l'actualité financière grâce à des publications telles que le Wall Street Journal, le Financial Times et Bloomberg peut vous aider à comprendre la dynamique et les tendances du marché.

2. **Conseils professionnels** :
- **Conseillers financiers** : consulter un planificateur financier certifié (CFP) ou un conseiller en investissement enregistré (RIA) peut fournir des conseils personnalisés et vous aider à prendre des décisions financières complexes.
- **Ateliers et séminaires** : assister à des ateliers et séminaires financiers peut offrir des expériences d'apprentissage pratiques et des opportunités de réseautage avec des experts financiers et d'autres investisseurs.

3. **Application pratique** :
- ** Budgétisation et épargne ** : la création et la gestion d'un budget vous aident à suivre vos revenus et dépenses, à identifier les domaines

d'économie et à allouer des fonds pour les investissements.
- **Investir** : Commencez à investir avec un petit montant et augmentez progressivement vos investissements à mesure que vous devenez plus à l'aise et plus compétent. L'utilisation de plateformes de trading simulées peut également vous aider à vous entraîner sans risquer de l'argent réel.

4. **Apprentissage continu** :
- **Examen régulier** : examinez périodiquement votre plan financier et votre portefeuille d'investissement pour vous assurer qu'ils correspondent à vos objectifs et aux conditions du marché.
- **Restez curieux** : cherchez toujours à en savoir plus sur les nouveaux instruments financiers, les stratégies d'investissement et les évolutions du marché.

Littératie financière à différentes étapes de la vie

Les besoins en littératie financière évoluent à différentes étapes de la vie. Comprendre ces changements peut vous aider à adapter votre éducation et votre planification financières.

1. **Début de l'âge adulte (20 à 30 ans)** :
- **Gestion de la dette** : De nombreuses personnes à ce stade ont des prêts étudiants et des dettes de carte de crédit. Apprendre à gérer et à rembourser ses dettes est crucial.
- **Construire un fonds d'urgence** : La création d'un fonds d'urgence pour couvrir les dépenses imprévues peut éviter des revers financiers.
- **Commencer à investir** : Commencer à investir tôt, même avec de petits montants, laisse plus de temps aux intérêts composés pour opérer leur magie.

2. **Midlife (40 à 50 ans)** :
- **Croissance de carrière et gestion des revenus** : comme les revenus augmentent généralement au cours de cette étape, une

budgétisation et une épargne efficaces deviennent plus importantes.
- **Planification de la retraite** : À l'approche de la retraite, il est essentiel de maximiser les cotisations aux comptes de retraite et de planifier vos besoins de revenus futurs.
- **Épargne collégiale** : Pour ceux qui ont des enfants, épargner pour les études collégiales devient une priorité.

3. **Pré-retraite (60 ans)** :
- **Maximiser l'épargne-retraite** : verser des cotisations de rattrapage aux comptes de retraite et garantir que les investissements sont alignés sur les objectifs de retraite.
- **Planification successorale** : création d'un testament, mise en place de fiducies et planification du transfert de patrimoine aux héritiers.
- **Planification des soins de santé** : Comprendre les coûts des soins de santé et les options d'assurance, y compris Medicare.

4. **Retraite** :

- **Gérer les revenus de retraite** : Assurer un flux de revenus stable provenant des investissements, de la sécurité sociale et des retraites.
- **Protéger les actifs** : se concentrer sur la préservation du patrimoine et la gestion des retraits pour éviter de survivre à l'épargne.
- **Planification du legs** : finaliser les plans successoraux et envisager les dons de bienfaisance.

Le rôle de l'éducation financière dans les écoles et les communautés

L'éducation financière doit commencer tôt et être intégrée aux programmes scolaires et communautaires. Voici comment cela peut être mis en œuvre efficacement :

1. **Programmes scolaires** :
- **Intégration du programme** : l'intégration de la culture financière dans les cours de mathématiques, d'études sociales et d'économie

aide les étudiants à comprendre les applications du monde réel.
- **Exercices pratiques** : des jeux boursiers simulés, des projets de budgétisation et des défis d'épargne peuvent rendre les concepts financiers attrayants et pertinents.

2. **Initiatives communautaires** :
- **Ateliers et séminaires** : proposer des ateliers de littératie financière gratuits ou à faible coût dans les centres communautaires, les bibliothèques et les organisations à but non lucratif.
- **Partenariats avec des institutions financières** : les banques et les coopératives de crédit peuvent s'associer avec des écoles et des groupes communautaires pour fournir des ressources et des conférenciers experts.
- **Ressources en ligne** : création de plateformes en ligne accessibles avec du matériel pédagogique, des outils interactifs et des calculateurs financiers.

Littératie financière et impact social

L'amélioration de la littératie financière peut avoir un impact positif significatif sur la société dans son ensemble.

1. **Réduire les inégalités** :
- **Accès aux connaissances** : fournir une éducation financière aux communautés mal desservies contribue à combler le fossé en matière de connaissances et d'opportunités financières.
- **Autonomisation économique** : la littératie financière permet aux individus de prendre des décisions éclairées, d'améliorer leur situation économique et d'atteindre l'indépendance financière.

2. **Promouvoir la stabilité économique** :
- **Prise de décision éclairée** : les personnes possédant des connaissances financières sont mieux équipées pour gérer leurs finances, réduisant ainsi le risque de crises financières.
- **Confiance des consommateurs** : les consommateurs instruits contribuent à une

économie stable en faisant des choix financiers judicieux, comme emprunter et investir de manière responsable.

3. **Améliorer le bien-être général** :
- **Santé mentale** : Le stress financier contribue de manière significative aux problèmes de santé mentale. La littératie financière peut réduire le stress en fournissant aux individus les outils nécessaires pour gérer efficacement leurs finances.
- **Qualité de vie** : les personnes ayant des connaissances financières peuvent mieux planifier leur avenir, atteindre leurs objectifs financiers et profiter d'une meilleure qualité de vie.

Défis et obstacles à la littératie financière

Malgré son importance, de nombreuses personnes ont du mal à acquérir une littératie financière.

Manque d'accès à l'éducation

De nombreuses personnes, en particulier dans les communautés mal desservies, n'ont pas accès à une éducation financière de qualité. Cela peut provenir de plusieurs facteurs :

1. **Obstacles économiques** : Des ressources financières limitées peuvent rendre difficile l'accès au matériel pédagogique ou la participation à des ateliers et des séminaires.
2. **Obstacles géographiques** : Les personnes vivant dans des zones éloignées ou rurales peuvent ne pas avoir accès aux établissements d'enseignement ou aux programmes communautaires offrant une formation en littératie financière.
3. **Obstacles institutionnels** : Les écoles peuvent manquer de ressources ou d'éducateurs formés pour fournir une éducation financière complète.

Barrières culturelles et psychologiques

Des facteurs culturels et psychologiques peuvent également nuire à la littératie financière :

1. **Attitudes culturelles** : Différentes cultures ont des attitudes différentes à l'égard de l'argent, de l'épargne et de l'investissement, ce qui peut avoir un impact sur le comportement financier et l'alphabétisation. Par exemple, dans certaines cultures, discuter d'argent est tabou, ce qui peut empêcher des conversations ouvertes sur la planification financière.
2. **Facteurs psychologiques** : La peur de la finance, le manque de confiance et l'anxiété financière peuvent dissuader les individus de rechercher une éducation financière ou de s'engager dans une planification financière.

Le rôle de la technologie dans la promotion de la littératie financière

La technologie offre des solutions innovantes pour surmonter les obstacles à la littératie financière :

1. **Plateformes d'apprentissage en ligne** : des sites Web comme Khan Academy, Coursera et Udemy proposent des cours d'éducation financière accessibles et souvent gratuits.
2. **Applications mobiles** : les applications de gestion financière telles que Mint, YNAB (You Need A Budget) et Acorns aident les utilisateurs à gérer leur argent, à suivre leurs dépenses et à investir de la monnaie.
3. **Ateliers et webinaires virtuels** : les organisations peuvent organiser des ateliers et des webinaires virtuels sur la littératie financière, rendant l'éducation accessible quel que soit le lieu.

Études de cas : La réussite grâce à la littératie financière

Des études de cas réels illustrent le pouvoir transformateur de la littératie financière :

1. **Le succès de Jeunes Entreprises** :
- **Aperçu du programme** : Junior Achievement (JA) est une organisation à but non

lucratif qui propose des programmes d'éducation financière aux élèves de la maternelle au lycée. Ils se concentrent sur la préparation au travail, l'entrepreneuriat et la littératie financière.
- **Impact** : JA a touché plus de 10 millions d'étudiants dans le monde, les aidant à développer des compétences financières essentielles et une confiance en soi. Des études ont montré que les étudiants JA sont plus susceptibles de poursuivre des études supérieures et d'avoir de plus grandes aspirations professionnelles.

2. **La littératie financière en action : l'histoire de Brandon Copeland** :
- **Contexte personnel** : Brandon Copeland, joueur de la NFL et défenseur de la littératie financière, a reconnu l'importance de l'éducation financière au début de sa carrière.
- **Initiatives** : Copeland enseigne un cours de littératie financière à l'Université de Pennsylvanie appelé « Life 101 », où il partage des conseils financiers pratiques avec les étudiants.

- **Impact** : Ses efforts ont sensibilisé les jeunes adultes et les athlètes à l'importance de la littératie financière, leur permettant ainsi de prendre des décisions financières éclairées.

Littératie financière pour des groupes spécifiques

Les programmes de littératie financière peuvent être adaptés pour répondre aux besoins uniques de groupes spécifiques :

1. **Jeunes et étudiants** :
- **Éducation préscolaire** : L'introduction de concepts financiers de base à l'école primaire et secondaire peut jeter des bases solides. Des programmes tels que les initiatives bancaires scolaires et les simulations boursières peuvent rendre l'apprentissage stimulant.
- **Étudiants universitaires** : Les étudiants universitaires sont souvent confrontés à des décisions financières importantes, comme contracter des prêts étudiants. Les programmes de littératie financière peuvent les aider à

comprendre la gestion de la dette, la budgétisation et l'importance d'épargner et d'investir dès le début.

2. **Femmes** :
- **Réduire les écarts entre les sexes** : Les femmes sont souvent confrontées à des défis financiers uniques, tels que l'écart salarial entre les sexes et les interruptions de carrière pour prodiguer des soins. Les programmes de littératie financière peuvent permettre aux femmes d'acquérir des connaissances sur la négociation salariale, les stratégies d'investissement et la planification de la retraite.
- **Réseaux de soutien** : des organisations comme le Women's Institute for Financial Education (WIFE) et Ellevest proposent des ressources et des réseaux de soutien adaptés aux besoins financiers des femmes.

3. **Aînés et retraités** :
- **Planification de la retraite** : les programmes d'éducation financière destinés aux seniors peuvent se concentrer sur la

maximisation de l'épargne-retraite, la compréhension des prestations de sécurité sociale et la gestion des coûts de santé.
- **Prévention de la fraude** : Éduquer les personnes âgées sur les escroqueries et la fraude financières courantes peut les aider à protéger leurs actifs et à assurer leur sécurité financière.

4. **Familles à faible revenu** :
- **Accès aux ressources** : les programmes d'éducation financière peuvent fournir aux familles à faible revenu des outils et des connaissances pour gérer efficacement des ressources limitées, accéder aux services financiers et planifier les urgences.
- **Initiatives gouvernementales et à but non lucratif** : des programmes tels que le crédit d'impôt sur le revenu gagné (EITC) et des initiatives communautaires d'éducation financière peuvent aider les familles à faible revenu à améliorer leur santé financière.

Mesurer l'impact des programmes de littératie financière

L'évaluation de l'efficacité des programmes de littératie financière est cruciale pour une amélioration continue et la démonstration de leur valeur :

1. **Pré- et post-évaluation** : La réalisation d'évaluations avant et après le programme peut mesurer les changements dans les connaissances et les comportements des participants.
2. **Changements de comportement** : le suivi des changements à long terme dans les comportements financiers, tels qu'une augmentation des taux d'épargne, une réduction des niveaux d'endettement et une amélioration des cotes de crédit, peut indiquer l'impact du programme.
3. **Commentaires des participants** : recueillir les commentaires des participants peut fournir un aperçu des points forts du programme et des domaines à améliorer.

La littératie financière est une compétence essentielle qui permet aux individus de prendre des décisions financières éclairées, d'atteindre leurs objectifs financiers et de créer un patrimoine à long terme. Il englobe un large éventail de connaissances, allant de la budgétisation et de l'épargne de base aux stratégies d'investissement avancées et à la planification de la retraite.

L'amélioration de la littératie financière implique un apprentissage continu, une application pratique et l'exploitation des ressources disponibles. Cela nécessite également de lever les barrières culturelles, psychologiques et institutionnelles pour garantir que chacun ait accès à l'éducation financière.

En investissant dans la littératie financière, les individus peuvent améliorer leur bien-être financier, contribuer à la stabilité économique et profiter d'une meilleure qualité de vie. Que ce soit par le biais d'une éducation formelle, de programmes communautaires ou d'un apprentissage autonome, le cheminement vers la littératie financière est un investissement rentable dans votre avenir.

Alors que nous poursuivons notre exploration du succès boursier, le prochain chapitre se penchera sur les différents types d'investissements disponibles et sur la manière de constituer un portefeuille diversifié. Ces connaissances vous permettront de prendre des décisions stratégiques et d'atteindre vos objectifs de création de richesse à long terme.

Chapitre 3 : Fixer des objectifs financiers et des stratégies d'investissement

Fixer des objectifs financiers est une étape fondamentale dans le cheminement vers la création de richesse à long terme. Des objectifs clairement définis fournissent une orientation et un objectif, vous permettant d'élaborer des stratégies d'investissement sur mesure qui correspondent à vos objectifs. Dans ce chapitre, nous explorerons le processus de définition d'objectifs financiers, la compréhension des différentes stratégies d'investissement et la manière de créer un plan complet qui vous guidera vers la réussite financière.

L'importance de fixer des objectifs financiers

Les objectifs financiers servent de feuille de route pour votre parcours financier. Ils vous aident à rester concentré, motivé et discipliné.

Voici pourquoi il est crucial de fixer des objectifs financiers :

1. **Clarté et orientation** : les objectifs fournissent une vision claire de ce que vous souhaitez réaliser, vous aidant ainsi à prioriser vos décisions financières.
2. **Motivation** : Avoir des objectifs spécifiques peut vous motiver à épargner et à investir de manière cohérente.
3. **Mesure et responsabilité** : des objectifs définis vous permettent de mesurer vos progrès et de vous tenir responsable.
4. **Planification financière** : les objectifs constituent le fondement d'un plan financier, guidant vos décisions d'épargne, de dépenses et d'investissement.

Types d'objectifs financiers

Les objectifs financiers peuvent être classés en fonction de leurs horizons temporels et de leurs objectifs :

1. **Objectifs à court terme** :
   - **Horizon temporel** : moins d'un an.
   - **Exemples** : Constituer un fonds d'urgence, épargner pour des vacances, rembourser de petites dettes.
   - **Stratégie** : concentrez-vous sur la liquidité et la sécurité, en utilisant des comptes d'épargne, des fonds du marché monétaire ou des certificats de dépôt (CD) à court terme.

2. **Objectifs à moyen terme** :
   - **Horizon temporel** : Un à cinq ans.
   - **Exemples** : Épargner pour un acompte sur une maison, financer un mariage, acheter une voiture.
   - **Stratégie** : équilibre entre croissance et sécurité, en utilisant une combinaison d'obligations, de fonds obligataires et d'investissements en actions conservateurs.

3. **Objectifs à long terme** :
   - **Horizon temporel** : Plus de cinq ans.

- **Exemples** : Planification de la retraite, financement de l'éducation des enfants, création de richesse.
- **Stratégie** : Concentrez-vous sur la croissance, en utilisant un portefeuille diversifié d'actions, de fonds communs de placement, d'ETF et d'immobilier.

Fixer des objectifs financiers SMART

L'utilisation des critères SMART garantit que vos objectifs sont spécifiques, mesurables, réalisables, pertinents et limités dans le temps :

1. **Spécifique** : Définissez clairement ce que vous souhaitez réaliser. Par exemple, au lieu de dire « Je veux économiser de l'argent », précisez « Je veux économiser 10 000 $ pour un acompte sur une maison ».
2. **Mesurable** : Établissez des critères pour suivre vos progrès. Par exemple : « J'économiserai 500 $ chaque mois ».
3. **Réalisable** : Fixez-vous des objectifs réalistes en fonction de votre situation

financière. Tenez compte de vos revenus, dépenses et obligations existantes.
4. **Pertinent** : Assurez-vous que vos objectifs correspondent à vos objectifs financiers plus larges et à vos aspirations de vie.
5. ** Limité dans le temps ** : fixez une date limite pour atteindre votre objectif. Par exemple : « J'économiserai 10 000 $ d'ici deux ans ».

Créer un plan financier

Un plan financier est un document complet qui décrit vos objectifs financiers et les stratégies pour les atteindre. Voici comment créer un plan financier efficace :

1. **Évaluez votre situation financière actuelle** :
- **Déclaration de valeur nette** : calculez votre valeur nette en soustrayant votre passif de vos actifs. Cela donne un aperçu de votre santé financière.
- **État des flux de trésorerie** : suivez vos revenus et dépenses pour comprendre vos

habitudes de dépenses et identifier les domaines à améliorer.

2. **Définissez vos objectifs financiers** :
- Énumérez vos objectifs à court, moyen et long terme.
- Utilisez les critères SMART pour affiner vos objectifs.

3. **Élaborer un budget** :
- Créez un budget qui alloue vos revenus aux dépenses essentielles, à l'épargne et aux investissements.
- Surveillez et ajustez régulièrement votre budget pour rester sur la bonne voie.

4. **Établir un fonds d'urgence** :
- Essayez d'économiser au moins trois à six mois de frais de subsistance sur un compte facilement accessible.

5. **Rembourser les dettes à intérêt élevé** :
- Donnez la priorité au remboursement des dettes à intérêt élevé, telles que les soldes des

cartes de crédit, afin de réduire le stress financier et de libérer des ressources pour épargner et investir.

6. **Investir pour l'avenir** :
- Développez une stratégie d'investissement qui correspond à vos objectifs, votre tolérance au risque et votre horizon temporel.
- Diversifiez vos investissements pour gérer les risques et optimiser les rendements.

7. **Révisez et ajustez votre plan** :
- Révisez régulièrement votre plan financier pour vous assurer qu'il reste aligné sur vos objectifs et ajustez-le si nécessaire en fonction de l'évolution de votre situation financière ou des conditions du marché.

Comprendre les stratégies d'investissement

Les stratégies d'investissement sont les méthodes que vous utilisez pour répartir vos actifs et gérer votre portefeuille afin d'atteindre vos objectifs financiers. Voici quelques stratégies d'investissement courantes :

1. **Acheter et conserver** :
- **Description** : Stratégie à long terme où vous achetez des titres et les conservez pendant une période prolongée, quelles que soient les fluctuations du marché.
- **Avantages** : Coûts de transaction réduits, potentiel de gains en capital à long terme et réduction du stress lié au timing du marché.
- **Exemple** : l'approche de Warren Buffett consistant à investir dans des entreprises fondamentalement solides et à les conserver pendant des décennies.

2. **Investissement de valeur** :
- **Description** : Identifier les actions sous-évaluées qui se négocient en dessous de leur valeur intrinsèque et les conserver jusqu'à ce que leur prix de marché reflète leur vraie valeur.
- **Avantages** : Potentiel de rendements élevés, approche d'investissement disciplinée.

- **Exemple** : Benjamin Graham, le père de l'investissement axé sur la valeur, et son célèbre protégé, Warren Buffett.

3. **Investissement de croissance** :
- **Description** : Investir dans des entreprises à fort potentiel de croissance, même si leurs actions semblent surévaluées par les indicateurs traditionnels.
- **Avantages** : Potentiel de rendements élevés grâce à l'appréciation du capital.
- **Exemple** : Investir dans des entreprises technologiques comme Apple, Amazon et Google, qui ont démontré une croissance significative au fil des ans.

4. **Investissement de revenus** :
- **Description** : Se concentrer sur les investissements qui génèrent des revenus réguliers, tels que les actions à dividendes, les obligations et l'immobilier.
- **Avantages** : Flux de revenus stable, moins de dépendance aux gains en capital.

- **Exemple** : Les retraités utilisent souvent l'investissement de revenu pour créer une source de revenu fiable pendant la retraite.

5. **Prévoyance des coûts en dollars** :
- **Description** : Investir un montant fixe à intervalles réguliers, quelles que soient les conditions du marché.
- **Avantages** : Réduit l'impact de la volatilité des marchés, approche d'investissement disciplinée.
- **Exemple** : cotiser chaque mois un montant fixe à un compte de retraite.

6. **Investissement indiciel** :
- **Description** : Investir dans des fonds indiciels ou des ETF qui reproduisent la performance d'un indice de marché spécifique, tel que le S&P 500.
- **Avantages** : Diversification, frais réduits, performance constante par rapport au marché.
- **Exemple** : Le fondateur de Vanguard, John Bogle, a défendu l'investissement indiciel

comme un moyen efficace et peu coûteux d'obtenir des rendements boursiers.

7. **Trading actif** :
- **Description** : Acheter et vendre fréquemment des titres pour capitaliser sur les mouvements du marché à court terme.
- **Avantages** : Potentiel de profits rapides, capacité à répondre aux changements du marché.
- **Exemple** : Day traders et swing traders qui s'appuient sur l'analyse technique et les tendances du marché.

Aligner les stratégies d'investissement sur les objectifs financiers

Votre stratégie d'investissement doit correspondre à vos objectifs financiers, à votre tolérance au risque et à votre horizon temporel. Voici comment associer des stratégies à différents objectifs :

1. **Objectifs à court terme** :

- **Stratégie** : Focus sur la sécurité et la liquidité. Utilisez des investissements à faible risque tels que des comptes d'épargne à haut rendement, des fonds du marché monétaire et des obligations à court terme.
- **Exemple** : Si vous envisagez d'acheter une voiture d'ici un an, conserver vos fonds sur un compte d'épargne à haut rendement garantit que votre argent est en sécurité et accessible.

2. **Objectifs à moyen terme** :
- **Stratégie** : Équilibrer croissance et sécurité. Utilisez une combinaison d'obligations, de fonds obligataires et d'investissements en actions conservateurs.
- **Exemple** : Pour une mise de fonds sur une maison dans cinq ans, considérons un portefeuille équilibré avec un niveau de risque modéré.

3. **Objectifs à long terme** :
- **Stratégie** : Focus sur la croissance. Utilisez un portefeuille diversifié d'actions, de fonds communs de placement, d'ETF et

d'immobilier pour maximiser les rendements au fil du temps.
- **Exemple** : Pour planifier votre retraite, investissez dans une combinaison diversifiée d'actions et d'obligations, ajustée en fonction de votre tolérance au risque et de votre âge.

Diversification : la clé de la gestion des risques

La diversification est un principe fondamental de l'investissement qui consiste à répartir vos investissements sur différentes classes d'actifs pour gérer le risque. Voici comment diversifier efficacement votre portefeuille :

1. **Classes d'actifs** :
- **Actions** : offrent un potentiel de croissance grâce à l'appréciation du capital et aux dividendes. Incluez un mélange d'actions à grande, moyenne et petite capitalisation, ainsi que d'actions internationales.
- **Obligations** : offrent stabilité et revenus grâce au paiement d'intérêts. Incluez les

obligations d'État, les obligations d'entreprises et les obligations municipales.
- **Immobilier** : Fournit des revenus grâce aux paiements de loyer et au potentiel d'appréciation du capital.
- **Matières premières** : incluez l'or, l'argent, le pétrole et les produits agricoles pour vous protéger contre l'inflation et diversifier votre portefeuille.

2. **Diversification du secteur** :
- Investir dans différents secteurs tels que la technologie, la santé, la finance, les biens de consommation et l'énergie pour réduire l'impact des risques spécifiques à ce secteur.

3. **Diversification géographique** :
- Investir sur les marchés internationaux pour répartir les risques entre différentes régions économiques et bénéficier des opportunités de croissance mondiale.

4. **Véhicules d'investissement** :

- Utilisez une combinaison d'actions individuelles, de fonds communs de placement, d'ETF et de fonds indiciels pour obtenir une large diversification.

Surveiller et rééquilibrer votre portefeuille

Surveiller et rééquilibrer régulièrement votre portefeuille est essentiel pour maintenir la répartition d'actifs souhaitée et atteindre vos objectifs financiers :

1. **Surveillance** :
- **Fréquence** : examinez votre portefeuille au moins une fois par trimestre pour vous assurer qu'il correspond à vos objectifs et à votre tolérance au risque.
- **Examen des performances** : comparez les performances de votre portefeuille à des références pertinentes pour évaluer son efficacité.
- **Conditions du marché** : restez informé des tendances économiques, des taux d'intérêt et des

conditions du marché qui pourraient avoir un impact sur vos investissements.

2. **Rééquilibrage** :
- **Objectif** : Le rééquilibrage implique d'ajuster votre portefeuille pour maintenir l'allocation d'actifs souhaitée. Cela garantit que votre portefeuille reste aligné sur votre tolérance au risque et vos objectifs d'investissement.
- **Processus** : Si certaines classes d'actifs surperforment d'autres, elles peuvent dépasser leur allocation cible. Pour rééquilibrer, vendez une partie des actifs surperformants et investissez le produit dans des actifs sous-performants.
- **Fréquence** : envisagez un rééquilibrage chaque année ou lorsque votre allocation d'actifs s'écarte considérablement (par exemple, plus de 5 à 10 %) de votre objectif.

Études de cas : Établissement d'objectifs financiers et stratégies d'investissement réussis

1. **Étude de cas : La planification de la retraite de Sarah** :
   - **Contexte** : Sarah, une professionnelle du marketing de 35 ans originaire de New York, vise à prendre sa retraite à 65 ans avec un pécule confortable.
   - **Objectifs financiers**:
   - Économisez 1 million de dollars pour votre retraite dans 30 ans.
   - Acheter une maison de vacances d'ici 10 ans.
   - **Stratégie d'investissement** :
   - **Retraite** : Sarah adopte une stratégie d'investissement axée sur la croissance, en allouant 70 % de son portefeuille aux actions (y compris les actions nationales et internationales) et 30 % aux obligations. Elle cotise régulièrement à son 401(k) et à son IRA, en utilisant la méthode de la moyenne des coûts.
   - **Maison de vacances** : Pour son objectif à moyen terme, Sarah équilibre croissance et sécurité en investissant dans une combinaison d'obligations et de fonds d'actions conservateurs.
   - **Résultat** : En fixant des objectifs clairs, en maintenant un portefeuille diversifié et en

évaluant régulièrement ses progrès, Sarah est sur la bonne voie pour atteindre ses objectifs de retraite et de résidence de vacances.

2. **Étude de cas : Fonds du John's College pour ses enfants** :
- **Contexte** : John, un ingénieur de 40 ans originaire de San Francisco, souhaite épargner pour les études universitaires de ses enfants. Il a deux enfants, âgés de 8 et 5 ans.
- **Objectifs financiers**:
- Économisez 100 000 $ pour les études collégiales de chaque enfant en 10 et 13 ans, respectivement.
- **Stratégie d'investissement** :
- **College Fund** : John ouvre 529 plans d'épargne-études pour ses enfants, investissant dans des portefeuilles basés sur l'âge qui ajustent automatiquement la répartition des actifs à mesure que les enfants approchent de l'âge universitaire. Au départ, les portefeuilles sont riches en actions, se tournant vers les obligations et les équivalents de trésorerie à mesure que les enfants approchent de l'université.

- **Résultat** : En tirant parti des avantages fiscaux des régimes 529 et en employant une stratégie d'investissement basée sur l'âge, John constitue efficacement un fonds universitaire pour ses enfants.

3. **Étude de cas : La stratégie de création de patrimoine de Maria** :
- **Contexte** : Maria, une entrepreneure de 30 ans originaire de Miami, vise à créer une richesse substantielle en investissant.
- **Objectifs financiers**:
- Atteindre une valeur nette de 2 millions de dollars d'ici 50 ans.
- **Stratégie d'investissement** :
- **Création de richesse** : Maria adopte une approche d'investissement diversifiée, combinant des actions de croissance, des investissements immobiliers et une petite allocation aux crypto-monnaies. Elle investit régulièrement une partie des bénéfices de son entreprise dans son portefeuille.

- **Gestion des risques** : Maria examine et rééquilibre périodiquement son portefeuille pour gérer les risques et optimiser les rendements.
- **Résultat** : En fixant un objectif clair de création de richesse à long terme et en mettant en œuvre une stratégie d'investissement diversifiée, Maria est sur la bonne voie pour réaliser ses aspirations financières.

Stratégies d'investissement avancées

Pour les investisseurs ayant une tolérance au risque plus élevée ou plus d'expérience, des stratégies d'investissement avancées peuvent améliorer les rendements et gérer les risques plus efficacement :

1. **Négociation d'options** :
- **Description** : Achat et vente de contrats d'options pour spéculer sur les mouvements de prix ou se protéger contre des pertes potentielles.
- **Stratégie** : utilisez des options d'achat couvertes pour générer des revenus ou des

options de vente protectrices pour atténuer le risque de baisse.
- **Exemple** : Un investisseur détenant une position importante sur une action peut vendre des options d'achat couvertes pour générer des revenus supplémentaires tout en maintenant la position sur l'action.

2. **Tirer parti** :
- **Description** : Utiliser des fonds empruntés pour augmenter le retour sur investissement potentiel.
- **Stratégie** : le trading sur marge permet aux investisseurs d'emprunter de l'argent pour acheter plus de titres qu'ils ne le pourraient avec leur propre capital.
- **Risques** : L'effet de levier amplifie à la fois les gains et les pertes, ce qui nécessite une gestion prudente des risques.

3. **Fonds spéculatifs et capital-investissement** :
- **Description** : Investir dans des hedge funds et du private equity peut offrir des

rendements élevés grâce à des stratégies d'investissement alternatives.
- **Stratégie** : diversifiez-vous dans les hedge funds qui utilisent des stratégies telles que les stratégies long/short equity, market neutral ou global macro. Envisagez le capital-investissement pour une exposition aux entreprises privées et un potentiel de croissance élevé.
- **Exemple** : Les investisseurs qualifiés peuvent allouer une partie de leur portefeuille à des fonds spéculatifs ou à des fonds de capital-investissement pour une diversification et des rendements potentiels élevés.

4. **Fiducies de placement immobilier (REIT)** :
- **Description** : Investir dans des REIT offre une exposition aux marchés immobiliers sans avoir besoin d'acheter et de gérer directement des propriétés.
- **Stratégie** : choisissez des FPI qui correspondent à vos objectifs d'investissement,

tels que des FPI résidentiels, commerciaux ou spécialisés.
- **Exemple** : Les investisseurs à la recherche de revenus pourraient investir dans des REIT commerciaux à haut rendement, tandis que ceux qui recherchent de la croissance pourraient choisir des REIT axés sur l'immobilier axé sur la technologie comme les centres de données.

Finance comportementale : comprendre la psychologie des investisseurs

La finance comportementale étudie la manière dont les facteurs psychologiques influencent les décisions d'investissement. Comprendre ces facteurs peut vous aider à faire des choix plus rationnels et éclairés :

1. **Biais comportementaux courants** :
- **Excès de confiance** : Surestimer vos connaissances et votre capacité à prédire les mouvements du marché peut conduire à une prise de risque excessive.

- **Mentalité de troupeau** : suivre la foule peut conduire à acheter à un prix élevé et à vendre à un prix bas, plutôt que de prendre des décisions basées sur une analyse indépendante.
- **Aversion aux pertes** : La peur des pertes conduit souvent à conserver les investissements perdants trop longtemps et à vendre les investissements gagnants trop rapidement.

2. **Stratégies pour atténuer les préjugés comportementaux** :
- **Éducation** : informez-vous continuellement sur l'investissement pour renforcer la confiance et prendre des décisions éclairées.
- **Discipline** : Élaborez et respectez un plan d'investissement bien pensé pour éviter les prises de décisions émotionnelles.
- **Diversification** : répartissez vos investissements sur différentes classes d'actifs pour réduire l'impact des pertes d'investissement individuelles.
- **Conseils professionnels** : envisagez de demander conseil à des conseillers financiers ou

d'utiliser des robots-conseillers pour fournir des conseils objectifs.

Fixer des objectifs financiers et élaborer des stratégies d'investissement sur mesure sont des étapes essentielles pour atteindre une richesse à long terme. En définissant des objectifs clairs et SMART, en créant un plan financier complet et en choisissant les bonnes stratégies d'investissement, vous pouvez naviguer en toute confiance dans les complexités du marché boursier.

Surveiller et rééquilibrer régulièrement votre portefeuille, comprendre les stratégies d'investissement avancées et être conscient des préjugés comportementaux améliorera encore votre capacité à prendre des décisions éclairées et à rester sur la bonne voie pour atteindre vos objectifs financiers.

Chapitre 4 : Gestion des risques et diversification

Dans le domaine de l'investissement boursier, la gestion des risques et la diversification sont essentielles à la création de richesse à long terme. Comprendre ces concepts et les mettre en œuvre efficacement peut avoir un impact significatif sur votre réussite financière. Ce chapitre approfondira les principes de gestion des risques, les différents types de risques d'investissement et les stratégies de diversification qui peuvent aider à atténuer ces risques.

Comprendre le risque lié à l'investissement

Le risque fait partie intégrante de l'investissement. Il fait référence à la possibilité que le retour sur investissement réel diffère du retour attendu. La clé d'un investissement réussi n'est pas d'éviter complètement le risque, mais de le comprendre et de le gérer efficacement.

Types de risques d'investissement

1. **Risque de marché** :
- **Définition** : Le risque que la valeur des investissements fluctue en raison de changements dans les conditions du marché.
- **Exemple** : La crise financière de 2008 a vu une baisse significative des cours des actions dans divers secteurs.

2. **Risque de crédit** :
- **Définition** : Le risque qu'un emprunteur ne respecte pas ses obligations de dette.
- **Exemple** : lors du scandale Enron, les détenteurs d'obligations ont subi des pertes importantes lorsque l'entreprise a fait défaut sur sa dette.

3. **Risque de liquidité** :
- **Définition** : Le risque qu'un investisseur ne puisse pas acheter ou vendre un investissement rapidement sans affecter son prix.

- **Exemple** : Les investissements immobiliers sont souvent confrontés à un risque de liquidité en raison du temps nécessaire pour vendre un bien.

4. **Risque de taux d'intérêt** :
- **Définition** : Le risque que les variations des taux d'intérêt affectent la valeur des investissements, notamment des obligations.
- **Exemple** : lorsque les taux d'intérêt augmentent, les prix des obligations baissent généralement.

5. **Risque d'inflation** :
- **Définition** : Le risque que le pouvoir d'achat des rendements soit érodé par l'inflation.
- **Exemple** : Si l'inflation augmente de 3 % par an, une obligation rapportant 2 % entraînera un rendement réel négatif.

6. **Risque de change** :
- **Définition** : Le risque que les fluctuations des devises affectent la valeur des investissements libellés en devises étrangères.

- **Exemple** : Un investisseur américain détenant des actions européennes peut voir ses rendements affectés par les variations du taux de change EUR/USD.

7. **Risque politique et réglementaire** :
- **Définition** : Le risque que des changements dans la politique ou la réglementation gouvernementale affectent la valeur des investissements.
- **Exemple** : Les nouvelles réglementations dans le secteur technologique peuvent avoir un impact sur les cours des actions des entreprises technologiques.

Principes de gestion des risques

Une gestion efficace des risques implique d'identifier, d'évaluer et d'atténuer les risques pour garantir que vos investissements correspondent à vos objectifs financiers et à votre tolérance au risque. Voici des principes clés pour vous guider :

1. **Tolérance au risque** :
- **Définition** : Le degré de variabilité des rendements des investissements qu'un investisseur est prêt à supporter.
- **Évaluation** : effectuez une évaluation de votre tolérance au risque en tenant compte de votre situation financière, de vos objectifs d'investissement et de votre confort psychologique face au risque.
- **Exemple** : Un jeune investisseur avec un revenu stable et des objectifs à long terme peut avoir une tolérance au risque plus élevée qu'un retraité qui dépend des revenus de placements.

2. **Capacité de risque** :
- **Définition** : La capacité de prendre des risques en fonction de votre situation financière et de vos objectifs.
- **Évaluation** : Évaluez votre stabilité financière, vos revenus, vos dépenses, votre horizon temporel et vos objectifs d'investissement.
- **Exemple** : Un investisseur disposant d'une épargne d'urgence substantielle et d'un flux de

revenus diversifié peut avoir une capacité de risque plus élevée.

3. **Évitement des risques** :
- **Définition** : Choisir de ne pas s'engager dans des activités ou des investissements qui comportent des risques importants.
- **Application** : évitez les investissements spéculatifs qui ne correspondent pas à votre tolérance au risque et à vos objectifs financiers.
- **Exemple** : Éviter les penny stocks à haut risque ou les positions à fort effet de levier.

4. **Réduction des risques** :
- **Définition** : Mettre en œuvre des stratégies pour réduire l'impact des risques sur votre portefeuille.
- **Stratégies** : Diversification, couverture et utilisation d'ordres stop-loss.
- **Exemple** : Diversifier votre portefeuille dans différentes classes d'actifs et secteurs.

5. **Transfert de risque** :

- **Définition** : Transférer le risque à une autre partie, souvent par le biais d'une assurance ou de produits dérivés.
- **Application** : utilisez des options ou une assurance pour vous protéger contre des pertes importantes.
- **Exemple** : Achat d'options de vente pour se protéger contre une baisse potentielle du cours d'une action.

6. **Rétention des risques** :
- **Définition** : Accepter un certain niveau de risque lorsque les avantages potentiels l'emportent sur les risques.
- **Application** : Comprendre et accepter les risques associés à certains investissements dans le cadre de votre stratégie.
- **Exemple** : Détenir une action volatile mais à forte croissance dans le cadre d'un portefeuille diversifié.

Diversification : la clé de la gestion des risques

La diversification est une stratégie de gestion des risques qui consiste à répartir vos investissements sur divers actifs afin de réduire l'exposition à un actif ou à un risque unique. L'objectif est de créer un portefeuille équilibré capable de résister aux fluctuations du marché et de fournir des rendements plus stables.

Avantages de la diversification

1. **Réduction des risques** :
- La diversification permet d'atténuer l'impact d'une mauvaise performance d'un seul investissement. Si un actif sous-performe, d'autres actifs du portefeuille peuvent compenser la perte.

2. **Retours plus fluides** :
- Un portefeuille diversifié a tendance à avoir des rendements plus stables dans le temps, à mesure que les performances des différents investissements s'équilibrent.

3. **Exposition à de multiples opportunités** :

- La diversification vous permet de capitaliser sur les opportunités de croissance dans différents secteurs, industries et régions géographiques.

4. **Protection contre la volatilité des marchés** :
- En détenant une variété d'actifs, vous êtes mieux protégé contre la volatilité des marchés et les ralentissements économiques.

Stratégies pour une diversification efficace

1. **Diversification des classes d'actifs** :
- **Actions** : incluez un mélange d'actions nationales et internationales, d'actions à grande, moyenne et petite capitalisation.
- **Obligations** : détenez une variété d'obligations, telles que des obligations d'État, d'entreprises et municipales avec différentes échéances et qualités de crédit.
- **Immobilier** : investissez dans des propriétés physiques ou des fiducies de placement immobilier (REIT).

- **Matières premières** : ajoutez des matières premières comme l'or, l'argent, le pétrole et les produits agricoles pour vous protéger contre l'inflation.
- **Trésorerie et équivalents de trésorerie** : conservez une partie de votre portefeuille en espèces ou équivalents de trésorerie, comme des fonds du marché monétaire, pour plus de liquidité.

2. **Diversification du secteur** :
- Investir dans divers secteurs tels que la technologie, la santé, la finance, les biens de consommation et l'énergie pour réduire les risques spécifiques à ce secteur.
- **Exemple** : Si le secteur technologique est confronté à un ralentissement, les investissements dans les soins de santé ou les biens de consommation peuvent apporter une stabilité.

3. **Diversification géographique** :
- Répartissez vos investissements dans différentes régions géographiques, y compris les

marchés nationaux, internationaux développés et les marchés émergents.
- **Exemple** : investir dans des actions américaines et européennes peut réduire l'impact des ralentissements économiques dans une région.

4. **Diversification des véhicules d'investissement** :
- Utilisez une combinaison d'actions individuelles, de fonds communs de placement, de fonds négociés en bourse (ETF) et de fonds indiciels pour obtenir une large diversification.
- **Exemple** : les ETF peuvent offrir une exposition à des secteurs ou à des marchés entiers, offrant une diversification avec un seul investissement.

5. **Diversification du temps** :
- Répartissez vos investissements dans le temps pour réduire l'impact du market timing et de la volatilité.
- **Dollar-Cost Averaging** : investissez régulièrement un montant fixe, quelles que

soient les conditions du marché, pour égaliser le prix d'achat au fil du temps.
- **Exemple** : Cotiser mensuellement à un compte de retraite pour profiter des fluctuations du marché et réduire l'impact de la volatilité à court terme.

Mettre en œuvre la diversification : étapes pratiques

1. **Évaluez votre portefeuille actuel** :
- Examinez vos investissements existants pour identifier toute concentration excessive dans des actifs, des secteurs ou des régions spécifiques.
- **Exemple** : Si vous avez une forte concentration dans les actions technologiques, envisagez d'ajouter des investissements dans d'autres secteurs.

2. **Déterminez votre répartition d'actifs** :
- En fonction de votre tolérance au risque, de vos objectifs financiers et de votre horizon temporel, déterminez la combinaison appropriée de classes d'actifs pour votre portefeuille.

- **Exemple** : Un investisseur plus jeune avec une tolérance au risque plus élevée pourrait allouer 70 % aux actions, 20 % aux obligations et 10 % à l'immobilier.

3. **Choisissez des investissements diversifiés** :
- Sélectionnez des investissements qui offrent une exposition à différents actifs, secteurs et régions.
- **Exemple** : Choisissez des fonds communs de placement ou des ETF qui suivent de larges indices de marché, tels que le S&P 500, l'indice MSCI World ou des ETF sectoriels spécifiques.

4. **Surveillez et rééquilibrez votre portefeuille** :
- Examinez régulièrement votre portefeuille pour vous assurer qu'il reste diversifié et aligné sur votre stratégie d'allocation d'actifs.
- Rééquilibrez en vendant des actifs surperformants et en achetant des actifs sous-performants pour maintenir votre allocation cible.

- **Exemple** : Si votre allocation d'actions dépasse son objectif en raison des gains du marché, vendez certaines actions et investissez dans des obligations ou d'autres actifs sous-pondérés.

5. **Demander des conseils professionnels** :
- Envisagez de consulter un conseiller financier pour vous aider à concevoir et à mettre en œuvre une stratégie d'investissement diversifiée adaptée à vos besoins.
- **Exemple** : Un conseiller financier peut fournir des recommandations personnalisées et vous aider à prendre des décisions d'investissement complexes.

Études de cas : La diversification en action

1. **Étude de cas : le portefeuille de retraite d'Emily** :
- **Contexte** : Emily, une enseignante de 45 ans de Chicago, souhaite se constituer un portefeuille diversifié pour sa retraite.
- **Stratégie d'investissement** :

- **Actions** : allocation à 60 % avec un mélange d'actions américaines à grande, moyenne et petite capitalisation et d'actions internationales.
- **Obligations** : allocation de 30 % incluant les bons du Trésor américain, les obligations d'entreprises et les obligations municipales.
- **Immobilier** : allocation de 5 % en REIT pour le revenu et la diversification.
- **Matières premières** : allocation de 5 % en ETF sur l'or pour se protéger contre l'inflation.
- **Processus de diversification** :
- Emily effectue un examen annuel de son portefeuille et le rééquilibre pour maintenir sa répartition d'actifs cible. Elle utilise la méthode des achats périodiques pour investir régulièrement dans ses comptes de retraite.
- **Résultat** : Au fil du temps, le portefeuille diversifié d'Emily offre une croissance stable et réduit l'impact de la volatilité des marchés, l'aidant ainsi à rester sur la bonne voie pour atteindre ses objectifs de retraite.

2. **Étude de cas : Fonds du Tom's College pour ses enfants** :
- **Contexte** : Tom, un ingénieur de 50 ans originaire de San Francisco, souhaite épargner pour les études universitaires de ses enfants.
- **Stratégie d'investissement** :
- **Plans 529** : Tom ouvre 529 plans d'épargne-études pour ses deux enfants, en investissant dans des portefeuilles basés sur l'âge qui ajustent la répartition des actifs à mesure que les enfants approchent de l'âge universitaire.
- **Actions** : Les plans 529 ont initialement une allocation plus élevée aux actions pour maximiser le potentiel de croissance.
- **Obligations et liquidités** : à mesure que ses enfants approchent de l'âge universitaire, les plans se tournent vers des investissements plus conservateurs comme les obligations et les équivalents de trésorerie.
- **Processus de diversification** :
- Tom contribue régulièrement aux plans 529 et examine la répartition de l'actif chaque année pour s'assurer qu'elle correspond à ses objectifs d'investissement et à son calendrier.

- **Résultat** : En tirant parti des avantages de stratégies d'investissement diversifiées et basées sur l'âge, Tom constitue un fonds universitaire solide pour ses enfants, réduisant ainsi l'impact de la volatilité des marchés.

3. **Étude de cas : La stratégie de création de patrimoine de Mark's** :
- **Contexte** : Mark, un entrepreneur de 30 ans originaire de Miami, vise à créer une richesse substantielle en investissant.
- **Stratégie d'investissement** :
- **Actions** : allocation à 50 % avec un accent sur les actions de croissance dans divers secteurs, notamment la technologie, la santé et les biens de consommation.
- **Obligations** : allocation de 20 % dans un mélange d'obligations d'entreprises et d'obligations d'État pour plus de stabilité.
- **Immobilier** : allocation de 20 % dans les immeubles locatifs et les REIT pour les revenus et la diversification.

- **Investissements alternatifs** : allocation de 10 % en matières premières et crypto-monnaies pour des rendements potentiels élevés.
- **Processus de diversification** :
- Mark effectue des examens trimestriels de son portefeuille, le rééquilibrant si nécessaire pour maintenir sa répartition d'actifs cible. Il reste également informé des tendances du marché et ajuste ses investissements en conséquence.
- **Résultat** : En diversifiant sur plusieurs classes d'actifs et en surveillant régulièrement ses investissements, Mark atténue les risques et maximise son potentiel de création de richesse.

Techniques avancées de diversification

Pour les investisseurs expérimentés qui cherchent à améliorer davantage leurs stratégies de diversification, les techniques avancées peuvent offrir des niveaux supplémentaires de gestion des risques et des opportunités de croissance :

1. **Investissement factoriel** :

- **Description** : Investir en fonction de facteurs spécifiques, tels que la valeur, la croissance, le dynamisme, la taille et la qualité, qui se sont avérés générateurs de rendements.
- **Stratégie** : allouez une partie de votre portefeuille à des ETF ou à des fonds communs de placement factoriels.
- **Exemple** : Un investisseur peut choisir un ETF axé sur la valeur pour capitaliser sur des actions sous-évaluées ou un ETF axé sur le momentum pour investir dans des actions ayant enregistré de solides performances récentes.

2. **Rotation sectorielle** :
- **Description** : Ajustement de l'allocation sectorielle de votre portefeuille en fonction des cycles économiques et des conditions de marché.
- **Stratégie** : Réorienter les investissements vers des secteurs qui devraient bien performer dans l'environnement économique actuel.
- **Exemple** : lors d'une expansion économique, un investisseur peut augmenter son exposition aux secteurs cycliques comme la technologie et la consommation discrétionnaire.

En période de récession, ils pourraient se tourner vers des secteurs défensifs comme la santé et les services publics.

3. **Diversification géopolitique** :
- **Description** : Diversifier les investissements dans des régions présentant des risques géopolitiques et des conditions économiques différents.
- **Stratégie** : Investissez dans une combinaison de marchés développés et émergents pour équilibrer le potentiel de croissance et la stabilité.
- **Exemple** : Un investisseur peut détenir des actions américaines et européennes pour plus de stabilité tout en ajoutant une exposition aux marchés émergents comme l'Inde et le Brésil pour des opportunités de croissance.

4. **Actifs alternatifs** :
- **Description** : Y compris les actifs non traditionnels dans votre portefeuille, tels que les hedge funds, le capital-investissement, les

matières premières et les actifs réels comme les infrastructures et les terres agricoles.
- **Stratégie** : allouez une petite partie de votre portefeuille à des actifs alternatifs pour améliorer la diversification et les rendements potentiels.
- **Exemple** : Investir dans un hedge fund qui emploie une stratégie neutre par rapport au marché ou acheter des actions dans un fonds de capital-investissement axé sur les entreprises en démarrage.

5. **Stratégies de couverture** :
- **Description** : Utiliser des instruments financiers tels que des options, des contrats à terme et des ETF inversés pour se protéger contre le risque de baisse.
- **Stratégie** : mettez en œuvre des stratégies de couverture pour compenser les pertes potentielles de votre portefeuille.
- **Exemple** : Un investisseur détenant une position importante dans une action particulière peut acheter des options de vente pour se

protéger contre une baisse potentielle du prix de l'action.

Le rôle de la technologie dans la gestion des risques et la diversification

La technologie a révolutionné la façon dont les investisseurs gèrent le risque et diversifient leurs portefeuilles. Tirer parti d'outils et de plateformes modernes peut améliorer votre stratégie d'investissement :

1. **Robo-Conseillers** :
- **Description** : Plateformes d'investissement automatisées qui utilisent des algorithmes pour créer et gérer des portefeuilles diversifiés en fonction de votre tolérance au risque et de vos objectifs.
- **Avantages** : Peu coûteux, efficace et accessible aux investisseurs de tous niveaux.
- **Exemple** : les robots-conseillers comme Betterment et Wealthfront proposent des portefeuilles diversifiés avec rééquilibrage automatique et récolte de pertes fiscales.

2. **Logiciel de gestion de portefeuille** :
- **Description** : outils qui fournissent une analyse complète du portefeuille, un suivi des performances et une évaluation des risques.
- **Avantages** : Visibilité et contrôle améliorés sur vos investissements.
- **Exemple** : Des logiciels comme Personal Capital et Morningstar Direct offrent des fonctionnalités et des informations avancées de gestion de portefeuille.

3. **Analyse de données et IA** :
- **Description** : Utilisation du Big Data et de l'intelligence artificielle pour analyser les tendances du marché, identifier les opportunités d'investissement et gérer les risques.
- **Avantages** : Prise de décision éclairée et capacité à identifier des modèles et des opportunités qui peuvent ne pas être visibles grâce à l'analyse traditionnelle.
- **Exemple** : les plates-formes basées sur l'IA comme Kensho et AlphaSense fournissent

des informations et des analyses avancées sur le marché.

4. **Applications d'investissement mobiles** :
- **Description** : applications qui vous permettent de surveiller et de gérer vos investissements en déplacement.
- **Avantages** : Commodité et accès en temps réel à votre portefeuille.
- **Exemple** : les applications d'investissement comme Robinhood et Acorns offrent des interfaces conviviales et un accès facile à des options d'investissement diversifiées.

Aspects comportementaux de la gestion des risques et de la diversification

Comprendre les facteurs psychologiques qui influencent les décisions d'investissement peut vous aider à gérer le risque plus efficacement et à maintenir un portefeuille diversifié :

1. **Biais comportementaux** :

- **Excès de confiance** : Surestimer votre capacité à prédire les mouvements du marché peut conduire à une prise de risque excessive et à une diversification insuffisante.
- **Aversion aux pertes** : La peur des pertes peut vous amener à conserver des investissements perdants ou à éviter complètement le risque, ce qui entraîne des opportunités manquées de diversification et de croissance.
- **Mentalité de troupeau** : Suivre la foule peut entraîner une concentration excessive dans les investissements populaires et une diversification inadéquate.

2. **Stratégies pour atténuer les préjugés comportementaux** :
- **Éducation** : informez-vous continuellement sur les principes d'investissement et la finance comportementale pour prendre des décisions plus éclairées.
- **Discipline** : Élaborer et respecter un plan d'investissement bien défini pour éviter les prises de décisions émotionnelles.

- **Conseils professionnels** : demandez conseil à des conseillers financiers pour vous fournir des informations objectives et vous aider à rester concentré sur vos objectifs à long terme.

La gestion des risques et la diversification sont des piliers fondamentaux d'un investissement boursier réussi. En comprenant les différents types de risques de placement, en évaluant votre tolérance au risque et votre capacité et en mettant en œuvre des stratégies de diversification efficaces, vous pouvez créer un portefeuille résilient qui correspond à vos objectifs financiers.

Une surveillance régulière, un rééquilibrage et l'utilisation de techniques d'investissement avancées peuvent améliorer encore votre capacité à gérer les risques et à tirer parti des opportunités de croissance. Adopter la technologie et être conscient des préjugés comportementaux contribuera également au succès de votre investissement.

Chapitre 5 : Analyser les actions : analyse fondamentale

L'analyse fondamentale est la pierre angulaire de l'investissement boursier. Il s'agit d'évaluer la santé financière et la valeur intrinsèque d'une entreprise pour prendre des décisions d'investissement éclairées. Ce chapitre explorera les aspects essentiels de l'analyse fondamentale, y compris l'analyse des états financiers, les principaux ratios financiers et les facteurs qualitatifs. En maîtrisant ces techniques, vous pouvez identifier les actions sous-évaluées et constituer un portefeuille qui soutient la création de richesse à long terme.

Introduction à l'analyse fondamentale

L'analyse fondamentale vise à déterminer la valeur intrinsèque d'une action, qui correspond à la véritable valeur d'une entreprise en fonction de ses performances financières, de sa position dans le secteur et de ses perspectives de croissance. Cette approche contraste avec l'analyse technique, qui se concentre sur les mouvements historiques des prix et les volumes de transactions.

Composantes clés de l'analyse fondamentale

1. **Analyse des états financiers**
- **Bilan**
- **Releve de revenue**
- **État des flux de trésorerie**

2. **Ratios financiers**
- **Ratio de rentabilité**
- **Ratio de liquidité**
- **Ratios de levier**
- **Ratios d'efficacité**

3. **Facteurs qualitatifs**
- **Qualité de gestion**
- **Position dans l'industrie**
- **Douves économiques**
- **Potentiel de croissance**

Analyse des états financiers

Bilan

Le bilan donne un aperçu de la situation financière d'une entreprise à un moment précis. Il comprend trois éléments principaux :

1. **Actifs** : ressources détenues par l'entreprise.
- **Actifs courants** : Trésorerie, comptes clients, inventaire.
- **Actifs non courants** : Immobilisations corporelles, immobilisations incorporelles.

2. **Passif** : Obligations que l'entreprise a envers des tiers.

- **Passif courant** : Comptes créditeurs, dette à court terme.
- **Passifs non courants** : Dette à long terme, passif d'impôts différés.

3. **Capitaux propres** : L'intérêt résiduel dans les actifs de l'entreprise après déduction du passif.
- **Composants** : Actions ordinaires, bénéfices non répartis, capital d'apport supplémentaire.

L'analyse du bilan implique d'évaluer la liquidité, la solvabilité et la santé financière globale de l'entreprise. Les indicateurs clés comprennent le ratio de liquidité générale, le ratio de liquidité rapide et le ratio d'endettement.

Exemple : Bilan d'Apple (au 30 septembre 2023)
- **Actif total** : 365 milliards de dollars
- **Passif total** : 250 milliards de dollars
- **Capitaux totaux** : 115 milliards de dollars

releve de revenue

Le compte de résultat, également appelé compte de profits et pertes, résume les revenus, les dépenses et les bénéfices d'une entreprise sur une période donnée. Les composants clés comprennent :

1. **Revenu** : le montant total gagné grâce aux ventes.
- **Composants** : chiffre d'affaires, chiffre d'affaires des services.

2. **Dépenses** : les coûts engagés pour générer des revenus.
- **Composantes** : Coût des marchandises vendues (COGS), dépenses d'exploitation, charges d'intérêts, charge fiscale.

3. **Revenu net** : le bénéfice après déduction de toutes les dépenses des revenus.
- **Formule** : Revenu net = Revenus - Dépenses

L'analyse du compte de résultat implique d'évaluer la rentabilité, la croissance des revenus et la gestion des dépenses de l'entreprise. Les indicateurs clés incluent la marge bénéficiaire brute, la marge opérationnelle et la marge bénéficiaire nette.

Exemple : compte de résultat d'Amazon (pour l'exercice se terminant le 31 décembre 2023)
- **Revenu** : 500 milliards de dollars
- **Coût des marchandises vendues** : 300 milliards de dollars
- **Dépenses de fonctionnement** : 150 milliards de dollars
- **Revenu net** : 25 milliards de dollars

Tableau des flux de trésorerie

Le tableau des flux de trésorerie donne un aperçu des entrées et sorties de trésorerie liées aux activités d'exploitation, d'investissement et de financement. Il permet d'évaluer les pratiques de liquidité et de gestion de trésorerie de l'entreprise. Les composants clés comprennent :

1. **Activités opérationnelles** : Trésorerie générée par les opérations principales.
- **Composantes** : Résultat net, amortissements, variation du fonds de roulement.

2. **Activités d'investissement** : Trésorerie utilisée pour les investissements dans des actifs.
- **Composantes** : Dépenses d'investissement, acquisitions, ventes d'actifs.

3. **Activités de financement** : Flux de trésorerie liés aux emprunts et au financement par actions.
- **Composants** : Émission de dette, remboursement de dette, émission d'actions, dividendes versés.

L'analyse du tableau des flux de trésorerie implique d'évaluer la capacité de l'entreprise à générer des liquidités, à financer ses opérations et à soutenir sa croissance. Les indicateurs clés comprennent les flux de trésorerie opérationnels, les flux de trésorerie disponibles et la marge de trésorerie.

Exemple : État des flux de trésorerie de Microsoft (pour l'année se terminant le 30 juin 2023)
- **Flux de trésorerie opérationnel** : 60 milliards de dollars
- **Flux de trésorerie d'investissement** : -20 milliards de dollars
- **Flux de trésorerie de financement** : -15 milliards de dollars

Ratios financiers

Les ratios financiers donnent un aperçu de la performance d'une entreprise en comparant différents aspects de ses états financiers. Voici quelques ratios clés utilisés dans l'analyse fondamentale :

Ratios de rentabilité

1. **Marge bénéficiaire brute** : mesure le pourcentage des revenus qui dépasse le coût des marchandises vendues.
- **Formule** : Marge bénéficiaire brute = (Revenu - COGS) / Revenu
- **Exemple** : Si une entreprise a un chiffre d'affaires de 100 millions de dollars et un COGS de 60 millions de dollars, la marge bénéficiaire brute est de 40 %.

2. **Marge opérationnelle** : mesure le pourcentage de revenus restant après avoir couvert les dépenses d'exploitation.
- **Formule** : Marge opérationnelle = Résultat opérationnel / Chiffre d'affaires
- **Exemple** : Si une entreprise a 20 millions de dollars de résultat opérationnel et 100 millions de dollars de chiffre d'affaires, la marge opérationnelle est de 20 %.

3. **Marge bénéficiaire nette** : mesure le pourcentage des revenus qui reste sous forme de revenu net.

- **Formule** : Marge bénéficiaire nette = Revenu net / Revenu
- **Exemple** : Si une entreprise a un bénéfice net de 10 millions de dollars et un chiffre d'affaires de 100 millions de dollars, la marge bénéficiaire nette est de 10 %.

4. **Retour sur actifs (ROA)** : mesure l'efficacité avec laquelle une entreprise utilise ses actifs pour générer des bénéfices.
- **Formule** : ROA = Revenu net / Actif total
- **Exemple** : Si une entreprise a un bénéfice net de 10 millions de dollars et un actif total de 200 millions de dollars, le ROA est de 5 %.

5. **Retour sur capitaux propres (ROE)** : mesure l'efficacité avec laquelle une entreprise utilise les capitaux propres pour générer des bénéfices.
- **Formule** : ROE = Résultat Net / Capitaux Propres
- **Exemple** : Si une entreprise a 10 millions de dollars de résultat net et 50 millions de dollars de capitaux propres, le ROE est de 20 %.

Ratios de liquidité

1. **Ratio actuel** : mesure la capacité d'une entreprise à remplir ses obligations à court terme avec ses actifs courants.
- **Formule** : Ratio actuel = Actifs courants / Passifs courants
- **Exemple** : Si une entreprise a 100 millions de dollars d'actifs courants et 50 millions de dollars de passifs courants, le ratio de liquidité générale est de 2,0.

2. **Quick Ratio** : mesure la capacité d'une entreprise à respecter ses obligations à court terme avec ses actifs les plus liquides.
- **Formule** : Ratio rapide = (Actifs courants - Stocks) / Passifs courants
- **Exemple** : Si une entreprise a 80 millions de dollars d'actifs courants, 20 millions de dollars de stocks et 50 millions de dollars de passifs courants, le ratio de liquidité générale est de 1,2.

Ratios de levier

1. **Ratio d'endettement** : mesure la proportion relative de dette et de capitaux propres utilisée pour financer les actifs d'une entreprise.
- **Formule** : Ratio d'endettement = Dette totale / Capitaux propres
- **Exemple** : Si une entreprise a 100 millions de dollars de dette totale et 50 millions de dollars de capitaux propres, le ratio d'endettement est de 2,0.

2. **Ratio de couverture des intérêts** : mesure la capacité d'une entreprise à faire face aux paiements d'intérêts avec son bénéfice d'exploitation.
- **Formule** : Ratio de couverture des intérêts = Revenu d'exploitation / Charges d'intérêts
- **Exemple** : Si une entreprise a 20 millions de dollars de résultat d'exploitation et 5 millions de dollars de charges d'intérêts, le ratio de couverture des intérêts est de 4,0.

Rapports d'efficacité

1. **Taux de rotation des actifs** : mesure l'efficacité avec laquelle une entreprise utilise ses actifs pour générer des revenus.
- **Formule** : Ratio de rotation des actifs = Revenus / Actifs totaux
- **Exemple** : Si une entreprise a un chiffre d'affaires de 100 millions de dollars et un actif total de 50 millions de dollars, le taux de rotation des actifs est de 2,0.

2. **Taux de rotation des stocks** : mesure l'efficacité avec laquelle une entreprise gère ses stocks.
- **Formule** : Ratio de rotation des stocks = COGS / Stock moyen
- **Exemple** : Si une entreprise a 60 millions de dollars de COGS et 15 millions de dollars de stocks moyens, le taux de rotation des stocks est de 4,0.

3. **Taux de rotation des créances** : mesure l'efficacité avec laquelle une entreprise recouvre ses comptes clients.
- **Formule** : Ratio de rotation des créances = Revenus / Comptes clients moyens
- **Exemple** : Si une entreprise a un chiffre d'affaires de 100 millions de dollars et des comptes clients moyens de 10 millions de dollars, le ratio de rotation des créances est de 10,0.

Facteurs qualitatifs

Qualité de la gestion

La qualité de l'équipe dirigeante d'une entreprise est un facteur essentiel de sa réussite à long terme. L'évaluation de la direction implique d'évaluer ses antécédents, sa vision stratégique et sa capacité à exécuter efficacement les plans.

1. **Leadership** : un leadership fort peut stimuler la croissance d'une entreprise et relever les défis.

- **Exemple** : Le leadership de Warren Buffett chez Berkshire Hathaway a joué un rôle essentiel dans le succès de l'entreprise.

2. **Expérience et antécédents** : Une équipe de direction ayant fait ses preuves est plus susceptible d'obtenir des résultats positifs.
- **Exemple** : Le leadership de Satya Nadella a stimulé la transformation et la croissance de Microsoft.

3. **Gouvernance d'entreprise** : de bonnes pratiques de gouvernance d'entreprise garantissent la transparence, la responsabilité et l'alignement avec les intérêts des actionnaires.
Exemple : Les entreprises dotées de cadres de gouvernance solides, comme Johnson & Johnson, sont plus susceptibles de maintenir la confiance des investisseurs et de parvenir à une croissance durable.

Position dans l'industrie

La position d'une entreprise au sein de son secteur peut influencer considérablement ses performances et son potentiel de croissance. Analyser la position du secteur implique de comprendre la part de marché, les avantages concurrentiels et l'environnement global du secteur.

1. **Part de marché** : les entreprises détenant une part de marché dominante ont souvent plus de pouvoir sur les prix et des économies d'échelle.
- **Exemple** : La part de marché importante d'Apple dans le secteur des smartphones lui permet d'obtenir des prix plus élevés et de réaliser des marges bénéficiaires élevées.

2. **Avantages concurrentiels** : L'identification des atouts uniques d'une entreprise, tels que la reconnaissance de la marque, les brevets ou la technologie exclusive, peut mettre en évidence son potentiel de succès durable.

- **Exemple** : La forte reconnaissance de la marque Coca-Cola et son vaste réseau de distribution offrent un avantage concurrentiel dans l'industrie des boissons.

3. **Tendances et dynamiques du secteur** : Comprendre les tendances plus larges du secteur, telles que les progrès technologiques, les changements réglementaires et les préférences des consommateurs, peut aider à évaluer les perspectives de croissance d'une entreprise.
- **Exemple** : L'accent mis par Tesla sur les véhicules électriques s'aligne sur la tendance croissante vers le transport durable, la positionnant pour une croissance future.

Fossé économique

Un fossé économique fait référence à la capacité d'une entreprise à conserver un avantage concurrentiel sur ses concurrents, protégeant ainsi sa part de marché et sa rentabilité. Identifier la présence d'un fossé économique implique d'analyser divers facteurs qui contribuent à la force concurrentielle à long terme.

1. **Avantage de coût** : Les entreprises dont les coûts de production sont inférieurs peuvent proposer des prix compétitifs tout en maintenant leur rentabilité.
- **Exemple** : La chaîne d'approvisionnement efficace et l'échelle de Walmart lui permettent d'offrir des prix bas, attirant ainsi les consommateurs sensibles aux prix.

2. **Effets de réseau** : les entreprises qui bénéficient des effets de réseau voient leur valeur augmenter à mesure que davantage de personnes utilisent leurs produits ou services.
- **Exemple** : la croissance de la base d'utilisateurs de Facebook améliore la valeur de sa plateforme, attirant davantage d'utilisateurs et d'annonceurs.

3. **Actifs incorporels** : les marques, les brevets et les technologies exclusives peuvent offrir un avantage concurrentiel.

- **Exemple** : La marque forte et les produits innovants de Nike créent la fidélité et la demande des clients.

4. **Coûts de changement** : des coûts de changement élevés découragent les clients de se tourner vers des concurrents, garantissant ainsi la fidélisation des clients.
- **Exemple** : la suite d'outils logiciels de création d'Adobe s'intègre de manière transparente, ce qui rend difficile pour les utilisateurs de passer à d'autres plates-formes.

5. **Échelle efficace** : les entreprises qui opèrent sur des marchés où la concurrence est limitée en raison de monopoles naturels ou d'obstacles réglementaires peuvent conserver une part de marché élevée.
- **Exemple** : Les entreprises de services publics bénéficient souvent d'une échelle efficace, confrontées à peu de concurrence dans leurs domaines de services.

Potentiel de croissance

Évaluer le potentiel de croissance d'une entreprise implique d'évaluer sa capacité à augmenter ses revenus et ses bénéfices au fil du temps. Les facteurs à prendre en compte incluent l'innovation des produits, l'expansion du marché et les investissements stratégiques.

1. **Innovation de produits** : les entreprises qui innovent et introduisent continuellement de nouveaux produits peuvent conquérir des parts de marché et stimuler la croissance.
- **Exemple** : le lancement régulier par Apple de produits innovants, tels que l'iPhone et l'Apple Watch, a stimulé sa croissance.

2. **Expansion du marché** : La pénétration de nouveaux marchés, qu'ils soient géographiques ou démographiques, peut offrir des opportunités de croissance supplémentaires.
- **Exemple** : L'expansion de Starbucks sur les marchés internationaux a considérablement augmenté sa clientèle et ses revenus.

3. **Investissements stratégiques** : les investissements dans la technologie, les infrastructures et les talents peuvent améliorer les perspectives de croissance d'une entreprise.
- **Exemple** : les investissements d'Amazon dans le cloud computing via Amazon Web Services (AWS) sont devenus un moteur de croissance important.

Guide étape par étape pour mener une analyse fondamentale

La réalisation d'une analyse fondamentale implique plusieurs étapes pour évaluer la santé financière d'une entreprise, sa position dans le secteur et son potentiel de croissance. Voici un guide étape par étape :

1. **Comprendre l'entreprise** : commencez par acquérir une compréhension approfondie du modèle commercial, des produits ou services de l'entreprise et du paysage concurrentiel.

2. **Analyser les états financiers** : examinez le bilan, le compte de résultat et le tableau des flux de trésorerie de l'entreprise pour évaluer sa santé et ses performances financières.

3. **Calculer les ratios financiers clés** : utilisez les ratios financiers pour évaluer la rentabilité, la liquidité, l'effet de levier et l'efficacité. Comparez ces ratios avec les moyennes du secteur et les concurrents.

4. **Évaluer les facteurs qualitatifs** : Évaluez la qualité de la gestion, la position dans l'industrie, le fossé économique et le potentiel de croissance. Tenez compte de facteurs tels que le leadership, la part de marché, les avantages concurrentiels et les tendances du secteur.

5. **Effectuer une évaluation** : estimez la valeur intrinsèque de l'entreprise à l'aide de méthodes d'évaluation telles que les flux de trésorerie actualisés (DCF), le ratio cours/bénéfice (P/E) et le ratio cours/valeur comptable (P/B). .

6. **Prenez une décision d'investissement** : sur la base de votre analyse, décidez si l'action est sous-évaluée ou surévaluée. Tenez compte des risques et des avantages potentiels avant de prendre une décision d'investissement.

Méthodes d'évaluation

La valorisation est un aspect essentiel de l'analyse fondamentale, car elle aide les investisseurs à déterminer si une action est valorisée à son juste prix. Voici quelques méthodes d'évaluation courantes :

Analyse des flux de trésorerie actualisés (DCF)

L'analyse DCF estime la valeur intrinsèque d'une entreprise en calculant la valeur actuelle de ses flux de trésorerie futurs attendus. Les étapes impliquées dans l'analyse DCF comprennent :

1. **Flux de trésorerie prévus** : estimez les flux de trésorerie futurs de l'entreprise pour une période spécifique.
- **Exemple** : prévision des flux de trésorerie d'Apple pour les cinq prochaines années en fonction de la croissance attendue des revenus, des marges d'exploitation et des dépenses d'investissement.

2. **Calculer la valeur terminale** : estimez la valeur de l'entreprise au-delà de la période de prévision.
- **Exemple** : utilisation d'un modèle de croissance à perpétuité pour estimer la valeur terminale d'Apple, en supposant un taux de croissance constant à perpétuité.

3. **Actualisation des flux de trésorerie** : Actualisez les flux de trésorerie prévus et la valeur terminale à leur valeur actuelle en utilisant un taux d'actualisation approprié.
- **Exemple** : Utilisation du coût moyen pondéré du capital (WACC) d'Apple comme

taux d'actualisation pour calculer la valeur actuelle des flux de trésorerie futurs.

4. **Sommez les valeurs actuelles** : Additionnez les valeurs actuelles des flux de trésorerie prévus et la valeur terminale pour estimer la valeur intrinsèque de l'entreprise.
- **Exemple** : additionner les valeurs actuelles des flux de trésorerie prévus et de la valeur terminale d'Apple pour déterminer sa valeur intrinsèque.

Ratio cours/bénéfice (P/E)

Le ratio P/E compare le cours de l'action d'une entreprise à son bénéfice par action (BPA), indiquant combien les investisseurs sont prêts à payer pour chaque dollar de bénéfice.

1. **Formule** : Ratio P/E = Cours de l'action / Bénéfice par action
- **Exemple** : Si le cours de l'action d'une entreprise est de 100 $ et son BPA est de 5 $, le ratio P/E est de 20.

2. **Interprétation** : Un ratio P/E élevé peut indiquer que les investisseurs s'attendent à une croissance future élevée, tandis qu'un ratio P/E faible peut suggérer que le titre est sous-évalué.

3. **Comparaison** : Comparez le ratio P/E avec les pairs du secteur et les moyennes historiques pour évaluer la valorisation relative.
- **Exemple** : comparaison du ratio P/E d'Amazon avec celui d'autres entreprises technologiques pour déterminer s'il est surévalué ou sous-évalué.

Ratio cours/valeur comptable (P/B)

Le ratio P/B compare le cours de l'action d'une entreprise à sa valeur comptable par action, indiquant combien les investisseurs sont prêts à payer pour chaque dollar d'actif net.

1. **Formule** : Ratio P/B = Cours de l'action / Valeur comptable par action

- **Exemple** : Si le cours de l'action d'une entreprise est de 50 $ et sa valeur comptable par action est de 25 $, le ratio P/B est de 2,0.

2. **Interprétation** : Un ratio P/B élevé peut indiquer que les investisseurs s'attendent à une croissance future élevée, tandis qu'un ratio P/B faible peut suggérer que le titre est sous-évalué.

3. **Comparaison** : Comparez le ratio P/B avec ses pairs du secteur et les moyennes historiques pour évaluer la valorisation relative.
- **Exemple** : Comparaison du ratio P/B de JPMorgan Chase avec celui d'autres banques pour déterminer s'il est surévalué ou sous-évalué.

Études de cas en analyse fondamentale

L'examen d'études de cas réels peut fournir des informations précieuses sur l'application de l'analyse fondamentale. Voici trois exemples :

Étude de cas 1 : Apple Inc. (AAPL)

Contexte : Apple Inc. est une entreprise technologique de premier plan connue pour ses produits innovants, notamment l'iPhone, l'iPad et le Mac.

Analyse des états financiers :
- **Bilan** : au 30 septembre 2023, Apple avait un actif total de 365 milliards de dollars, un passif total de 250 milliards de dollars et des capitaux propres totaux de 115 milliards de dollars.
- **Compte de résultat** : Pour l'exercice clos le 30 septembre 2023, Apple a déclaré un chiffre d'affaires de 365 milliards de dollars, un bénéfice d'exploitation de 95 milliards de dollars et un bénéfice net de 70 milliards de dollars.
- **État des flux de trésorerie** : pour l'exercice clos le 30 septembre 2023, Apple a généré un flux de trésorerie d'exploitation de 100 milliards de dollars, un flux de trésorerie d'investissement de -20 milliards de dollars et un flux de trésorerie de financement de -30 milliards de dollars.

Ratios financiers:
- **Marge bénéficiaire brute** : 40 %
- **Marge Opérationnelle** : 26%
- **Marge bénéficiaire nette** : 19 %
- **Ratio actuel** : 1,5
- **Ratio d'endettement** : 1,2
- **ROE** : 60 %

Facteurs qualitatifs :
- **Qualité de gestion** : le leadership de Tim Cook a continué de stimuler la croissance et l'innovation d'Apple.
- **Position dans l'industrie** : Apple détient une part de marché importante sur les marchés des smartphones et des tablettes.
- **Moat économique** : la marque forte, la technologie exclusive et l'écosystème d'Apple génèrent des coûts de changement élevés pour les clients.
- **Potentiel de croissance** : l'accent mis par Apple sur les services et la technologie portable offre des opportunités de croissance supplémentaires.

Évaluation :
- **Analyse DCF** : en utilisant les flux de trésorerie prévus, un taux de croissance final de 2 % et un WACC de 7 %, la valeur intrinsèque de l'action Apple est estimée à 180 $ par action.
- **Ratio P/E** : 25, contre une moyenne du secteur de 20.
- **Ratio P/B** : 15, contre une moyenne du secteur de 5.

Décision d'investissement : sur la base de l'analyse, Apple semble être légèrement surévalué par rapport à ses pairs du secteur. Toutefois, compte tenu de sa solide santé financière, de sa position importante sur le marché et de son solide potentiel de croissance, il reste un investissement intéressant à long terme. Les investisseurs peuvent choisir d'acheter et de conserver des actions Apple en raison de leurs performances constantes et de leur potentiel d'innovation.

Étude de cas 2 : Amazon.com Inc. (AMZN)

Contexte : Amazon.com Inc. est un géant mondial du commerce électronique avec des opérations diversifiées dans les domaines du cloud computing, du streaming numérique et de l'intelligence artificielle.

Analyse des états financiers :
- **Bilan** : au 31 décembre 2023, Amazon avait un actif total de 450 milliards de dollars, un passif total de 280 milliards de dollars et des capitaux propres totaux de 170 milliards de dollars.
- **Compte de résultat** : pour l'exercice clos le 31 décembre 2023, Amazon a déclaré un chiffre d'affaires de 500 milliards de dollars, un bénéfice d'exploitation de 50 milliards de dollars et un bénéfice net de 25 milliards de dollars.
- **État des flux de trésorerie** : pour l'exercice clos le 31 décembre 2023, Amazon a généré un flux de trésorerie d'exploitation de 60 milliards de dollars, un flux de trésorerie d'investissement de -30 milliards de dollars et un flux de

trésorerie de financement de -20 milliards de dollars.

Ratios financiers:
- **Marge bénéficiaire brute** : 40 %
- **Marge Opérationnelle** : 10%
- **Marge bénéficiaire nette** : 5 %
- **Ratio actuel** : 1,1
- **Ratio d'endettement** : 1,6
- **ROE** : 15 %

Facteurs qualitatifs :
- **Qualité de gestion** : sous la direction d'Andy Jassy, Amazon continue d'étendre sa présence sur le marché et son innovation.
- **Position dans l'industrie** : Amazon occupe une position dominante dans le commerce électronique et le cloud computing via AWS.
- **Moat économique** : Amazon bénéficie d'économies d'échelle, d'un vaste réseau de distribution et d'une forte fidélité à la marque.
- **Potentiel de croissance** : les investissements d'Amazon sur de nouveaux marchés et technologies, tels que l'IA et la

logistique, offrent des opportunités de croissance substantielles.

Évaluation:
- **Analyse DCF** : en utilisant les flux de trésorerie prévus, un taux de croissance final de 3 % et un WACC de 8 %, la valeur intrinsèque des actions d'Amazon est estimée à 3 500 $ par action.
- **Ratio P/E** : 140, contre une moyenne du secteur de 30.
- **Ratio P/B** : 18, contre une moyenne du secteur de 7.

Décision d'investissement : le ratio P/E élevé d'Amazon suggère une valorisation premium basée sur les attentes de croissance future. Malgré sa valorisation élevée, ses positions de leader sur le marché et son potentiel d'innovation en font un investissement attractif pour les investisseurs axés sur la croissance.

Étude de cas 3 : Procter & Gamble Co. (PG)

Contexte : Procter & Gamble Co. (P&G) est une société multinationale de biens de consommation connue pour sa large gamme de produits de marque, notamment des articles ménagers et de soins personnels.

Analyse des états financiers :
- **Bilan** : Au 30 juin 2023, P&G avait un actif total de 130 milliards de dollars, un passif total de 65 milliards de dollars et des capitaux propres totaux de 65 milliards de dollars.
- **Compte de résultat** : Pour l'exercice clos le 30 juin 2023, P&G a déclaré un chiffre d'affaires de 80 milliards de dollars, un bénéfice d'exploitation de 18 milliards de dollars et un bénéfice net de 14 milliards de dollars.
- **État des flux de trésorerie** : Pour l'exercice clos le 30 juin 2023, P&G a généré un flux de trésorerie d'exploitation de 16 milliards de dollars, un flux de trésorerie d'investissement de -4 milliards de dollars et un flux de trésorerie de financement de -12 milliards de dollars.

Ratios financiers:

- **Marge bénéficiaire brute** : 50 %
- **Marge Opérationnelle** : 22%
- **Marge bénéficiaire nette** : 17 %
- **Ratio actuel** : 1,2
- **Ratio d'endettement** : 1,0
- **ROE** : 22 %

Facteurs qualitatifs :
- **Qualité de gestion** : L'équipe de direction expérimentée de P&G, dirigée par le PDG David Taylor, a réussi à stimuler la croissance et à améliorer l'efficacité.
- **Position dans l'industrie** : P&G occupe une position forte dans l'industrie des biens de consommation avec des marques leaders comme Tide, Gillette et Pampers.
- **Moat économique** : le vaste portefeuille de marques bien connues et les puissants canaux de distribution de P&G créent d'importantes barrières à l'entrée pour les concurrents.
- **Potentiel de croissance** : l'accent mis par P&G sur l'innovation, la gestion des coûts et l'expansion des marchés émergents soutient son potentiel de croissance.

Évaluation :
- **Analyse DCF** : en utilisant les flux de trésorerie prévus, un taux de croissance final de 2 % et un WACC de 6 %, la valeur intrinsèque des actions de P&G est estimée à 150 $ par action.
- **Ratio P/E** : 24, contre une moyenne du secteur de 20.
- **Ratio P/B** : 7, contre une moyenne du secteur de 5.

Décision d'investissement : les mesures de valorisation de P&G sont légèrement supérieures aux moyennes du secteur, indiquant une valorisation modérément élevée. Cependant, sa solide santé financière, son leadership sur le marché et ses versements de dividendes constants en font un choix solide pour les investisseurs conservateurs à la recherche de rendements stables.

L'analyse fondamentale est un outil puissant pour évaluer les actions et prendre des décisions d'investissement éclairées. En comprenant et en analysant les états financiers, en calculant les ratios financiers clés et en prenant en compte des facteurs qualitatifs, les investisseurs peuvent évaluer la valeur intrinsèque et le potentiel de croissance d'une entreprise. La maîtrise de l'analyse fondamentale permet de constituer un portefeuille d'investissement solide visant à atteindre un patrimoine et une sécurité financière à long terme.

Les investisseurs doivent garder à l'esprit que l'analyse fondamentale n'est pas infaillible. Les conditions du marché, les facteurs économiques et les événements imprévus peuvent avoir un impact sur la performance des actions. Par conséquent, la combinaison de l'analyse fondamentale avec d'autres stratégies d'investissement et le maintien d'un portefeuille diversifié peuvent améliorer le succès global de l'investissement. Comme pour toute approche d'investissement, l'apprentissage continu, la diligence et un état d'esprit discipliné sont essentiels pour naviguer sur le marché boursier et atteindre une prospérité financière durable.

Chapitre 6 : Analyse des stocks : analyse technique

L'analyse technique est une méthode d'évaluation et de prévision des mouvements futurs des prix d'une action ou d'un autre actif financier sur la base de données historiques sur les prix et les volumes. Contrairement à l'analyse fondamentale, qui se concentre sur la santé financière et la valeur intrinsèque d'une entreprise, l'analyse technique examine les modèles et les tendances des mouvements de prix pour prédire le comportement futur. Ce chapitre approfondit les aspects essentiels de l'analyse technique, offrant un guide complet sur l'utilisation de cette méthode pour créer une richesse à long terme grâce à des décisions éclairées et stratégiques.

Comprendre l'analyse technique

L'analyse technique repose sur le principe que toutes les informations connues sont déjà reflétées dans le prix de l'action. En étudiant les mouvements de prix passés et les volumes de transactions, les analystes techniques visent à identifier les modèles et les tendances qui peuvent fournir un aperçu du comportement futur des prix. Les principaux outils et techniques utilisés dans l'analyse technique comprennent des graphiques, des indicateurs techniques et diverses formes d'analyse telles que l'analyse des tendances et la reconnaissance de formes.

Principes clés de l'analyse technique

1. **L'action du marché réduit tout** : Les analystes techniques estiment que tous les facteurs qui pourraient influencer le prix d'une action, tels que les bénéfices, les dividendes et les facteurs macroéconomiques, sont déjà reflétés dans le prix actuel de l'action.

2. **Les prix évoluent selon les tendances** : les analystes techniques observent que les cours des actions évoluent selon des tendances qui persistent pendant un certain temps. L'identification de ces tendances peut offrir des opportunités de réaliser des transactions rentables.

3. **L'histoire a tendance à se répéter** : L'analyse technique repose sur la conviction que les mouvements de prix historiques ont tendance à se répéter en raison du comportement collectif des acteurs du marché. En étudiant les tendances

passées, les analystes tentent de prédire les mouvements futurs des prix.

Types de graphiques

Les graphiques sont les principaux outils utilisés dans l'analyse technique pour visualiser les mouvements de prix au fil du temps. Il existe plusieurs types de graphiques, chacun avec ses avantages uniques :

1. **Graphiques linéaires** : un graphique linéaire relie les prix de clôture sur une période spécifique, offrant une vue claire et simple de la tendance des prix. Il est utile pour identifier les tendances à long terme, mais manque d'informations détaillées sur les mouvements de prix intrajournaliers.

2. **Graphiques à barres** : un graphique à barres affiche les prix haut, bas, d'ouverture et de clôture pour chaque période. Le haut de la barre représente le prix le plus élevé, le bas représente le prix le plus bas et les lignes horizontales

indiquent les prix d'ouverture et de clôture. Les graphiques à barres fournissent des informations plus détaillées que les graphiques à courbes.

3. **Graphiques en chandeliers** : Provenant des commerçants de riz japonais, les graphiques en chandeliers fournissent une représentation visuelle des mouvements de prix à l'aide de « chandeliers ». Chaque chandelier représente une période spécifique et indique les prix d'ouverture, haut, bas et de clôture. Le corps du chandelier indique la fourchette de prix entre les prix d'ouverture et de clôture, tandis que les mèches (ou ombres) représentent les prix hauts et bas.

4. **Graphiques à points et à chiffres** : Contrairement à d'autres graphiques qui représentent le prix en fonction du temps, les graphiques à points et à chiffres représentent les mouvements de prix en fonction des changements de direction. Ce type de graphique se concentre uniquement sur les mouvements de prix significatifs, filtrant les fluctuations

insignifiantes et offrant une vision claire de l'offre et de la demande.

Analyse de tendance

L'identification et l'analyse des tendances sont un aspect crucial de l'analyse technique. Les tendances représentent la direction générale dans laquelle évolue le prix d'une action. Il existe trois types de tendances :

1. **Tendance haussière** : Une tendance haussière se caractérise par des hauts et des bas plus élevés, indiquant que le prix de l'action évolue constamment à la hausse. Les investisseurs cherchent à acheter des actions dans une tendance haussière.

2. **Tendance baissière** : Une tendance baissière se caractérise par des hauts et des bas plus bas, indiquant que le prix de l'action évolue constamment à la baisse. Les investisseurs cherchent à vendre ou à éviter les actions dans une tendance à la baisse.

3. **Tendance latérale (consolidation)** : Une tendance latérale, ou consolidation, se produit lorsque le prix de l'action évolue dans une fourchette étroite sans direction claire à la hausse ou à la baisse. Les investisseurs attendent souvent une cassure de cette fourchette avant de prendre des décisions commerciales.

Soutien et résistance

Les niveaux de support et de résistance sont des concepts critiques dans l'analyse technique. Ils représentent les niveaux de prix auxquels une action a tendance à subir respectivement une pression d'achat ou de vente.

1. **Niveau de support** : Un niveau de support est un prix auquel une action a tendance à trouver un intérêt d'achat, l'empêchant de baisser davantage. Lorsque le prix d'une action s'approche d'un niveau de support, il est susceptible de rebondir.

2. **Niveau de résistance** : Un niveau de résistance est un prix auquel une action a tendance à trouver un intérêt à la vente, l'empêchant de continuer à augmenter. Lorsque le prix d'une action s'approche d'un niveau de résistance, il est probable qu'il redescende.

Comprendre les niveaux de support et de résistance aide les investisseurs à prendre des décisions éclairées sur le moment d'entrer ou de sortir d'une transaction.

Indicateurs techniques

Les indicateurs techniques sont des calculs mathématiques basés sur des données historiques de prix, de volume ou d'intérêt ouvert. Ils aident les traders à identifier les tendances, la dynamique, la volatilité et d'autres facteurs critiques dans l'évolution du prix d'une action. Voici quelques-uns des indicateurs techniques les plus couramment utilisés :

Moyennes mobiles

Les moyennes mobiles lissent les données de prix pour identifier les tendances en faisant la moyenne des prix sur une période spécifique. Il existe deux principaux types de moyennes mobiles :

1. **Moyenne mobile simple (SMA)** : La SMA est calculée en additionnant les cours de clôture sur une période spécifique et en divisant par le nombre de périodes. Il fournit une vue simple du prix moyen de l'action au fil du temps.
- **Exemple** : Un SMA à 50 jours est calculé en additionnant les cours de clôture des 50 derniers jours et en divisant par 50.

2. **Moyenne mobile exponentielle (EMA)** : L'EMA accorde plus de poids aux prix récents, ce qui la rend plus réactive aux nouvelles informations. Il est calculé à l'aide d'une formule plus complexe qui applique un facteur de pondération aux prix les plus récents.

- **Exemple** : Une EMA de 50 jours donne plus de poids aux prix des derniers jours par rapport à une SMA de 50 jours.

Indice de force relative (RSI)

Le RSI est un oscillateur de momentum qui mesure la vitesse et l'évolution des mouvements de prix. Il va de 0 à 100 et permet d'identifier les conditions de surachat ou de survente.

- **Calcul** : RSI = 100 - (100 / (1 + RS)), où RS = Gain moyen / Perte moyenne sur une période spécifiée.
- **Interprétation** : Un RSI supérieur à 70 indique que le titre peut être suracheté, tandis qu'un RSI inférieur à 30 suggère que le titre peut être survendu.

Divergence de convergence moyenne mobile (MACD)

Le MACD est un indicateur de dynamique de suivi de tendance qui montre la relation entre deux moyennes mobiles du prix d'une action. Il se compose de la ligne MACD, de la ligne de signal et de l'histogramme.

- **Ligne MACD** : La différence entre l'EMA de 12 jours et l'EMA de 26 jours.
- **Signal Line** : une EMA de 9 jours de la ligne MACD.
- **Histogramme** : La différence entre la ligne MACD et la ligne de signal.

- **Interprétation** : Lorsque la ligne MACD passe au-dessus de la ligne de signal, il s'agit d'un signal haussier, indiquant une opportunité d'achat potentielle. Lorsque la ligne MACD passe en dessous de la ligne de signal, il s'agit d'un signal baissier, indiquant une opportunité de vente potentielle.

Bandes de Bollinger

Les bandes de Bollinger se composent d'une bande médiane (SMA) et de deux bandes extérieures qui sont des écarts types au-dessus et en dessous de la bande médiane. Ils aident à mesurer la volatilité et à identifier les conditions de surachat ou de survente.

- **Calcul** : la bande médiane est généralement un SMA de 20 jours. Les bandes supérieure et inférieure correspondent respectivement à deux écarts types au-dessus et en dessous de la bande médiane.
- **Interprétation** : Lorsque le prix se rapproche de la bande supérieure, le titre peut être suracheté. Lorsque le prix se rapproche de la bande inférieure, le titre peut être survendu.

Oscillateur stochastique

L'oscillateur stochastique est un indicateur de dynamique qui compare le cours de clôture d'une action à sa fourchette de prix sur une période spécifique. Il varie de 0 à 100.

- **Calcul** : %K = (Clôture actuelle - Plus bas plus bas) / (Plus haut plus haut - Plus bas plus bas) * 100. %D est une SMA sur 3 jours de %K.

- **Interprétation** : Une lecture supérieure à 80 indique que le titre peut être suracheté, tandis qu'une lecture inférieure à 20 suggère que le titre peut être survendu.

Modèles de graphiques

Les modèles graphiques sont des formations spécifiques créées par les mouvements de prix d'une action. Reconnaître ces modèles peut aider les traders à prédire les futurs mouvements de prix. Voici quelques modèles de graphiques courants :

Tête et épaules

Le modèle tête et épaules est un modèle d'inversion qui signale un changement de direction de tendance. Il est constitué de trois sommets : un sommet supérieur (tête) entre deux sommets inférieurs (épaules).

- **Haut tête et épaules** : indique un renversement potentiel d'une tendance haussière

à une tendance baissière. Le décolleté est dessiné en reliant les bas entre les épaules. Une cassure sous l'encolure confirme le motif.
- **Tête et épaules inversées** : Indique un renversement potentiel d'une tendance baissière à une tendance haussière. Le décolleté est dessiné en reliant les hauts entre les épaules. Une cassure au-dessus du décolleté confirme le motif.

Double haut et double bas

Les modèles double haut et double bas sont également des modèles d'inversion qui indiquent un changement de direction de tendance.

- **Double Top** : Se compose de deux pics à peu près au même niveau de prix, signalant un renversement potentiel d'une tendance haussière à une tendance baissière. La tendance se confirme lorsque le prix passe en dessous du niveau de support entre les sommets.
- **Double Bottom** : Se compose de deux creux à peu près au même niveau de prix,

signalant un renversement potentiel d'une tendance baissière à une tendance haussière. La tendance se confirme lorsque le prix dépasse le niveau de résistance entre les creux.

Triangles

Les triangles sont des modèles de continuation qui indiquent une pause dans la tendance actuelle, qui est susceptible de se poursuivre une fois le modèle terminé. Il existe trois types de triangles :

1. **Triangle Ascendant** : Formé par une ligne de résistance horizontale et une ligne de support ascendante. Cela indique une poursuite potentielle d'une tendance haussière.
2. **Triangle descendant** : Formé par une ligne de support horizontale et une ligne de résistance descendante. Cela indique une poursuite potentielle d'une tendance à la baisse.
3. **Triangle symétrique** : Formé par une ligne de tendance convergente et une ligne de tendance divergente, aucune des deux lignes

n'étant horizontale. Cela indique une indécision entre acheteurs et vendeurs et précède souvent un mouvement de prix important.

Drapeaux et fanions

Les drapeaux et les fanions sont des modèles de continuation à court terme qui signalent une brève pause dans la tendance actuelle avant que la tendance ne reprenne.

- **Drapeau haussier** : Formé par un mouvement de prix brutal (mât de drapeau) suivi d'une période de consolidation (drapeau) caractérisée par des lignes de tendance parallèles inclinées vers le bas. Cela indique la poursuite d'une tendance haussière.
- **Drapeau baissier** : Semblable à un drapeau haussier mais inversé, formé par une forte baisse des prix suivie d'une période de consolidation caractérisée par des lignes de tendance parallèles ascendantes. Cela indique la poursuite d'une tendance à la baisse.

- **Fanion haussier** : Semblable à un drapeau haussier mais avec des lignes de tendance convergentes formant un petit triangle symétrique. Cela indique la poursuite d'une tendance haussière.
- **Fanion baissier** : Semblable à un drapeau baissier mais avec des lignes de tendance convergentes formant un petit triangle symétrique. Cela indique la poursuite d'une tendance à la baisse.

Coins

Les coins sont des modèles de continuation caractérisés par des lignes de tendance convergentes qui s'inclinent dans la même direction que la tendance dominante.

- **Rising Wedge** : Formé par deux lignes de tendance ascendantes, la ligne de tendance supérieure étant plus raide que la ligne de tendance inférieure. Cela indique un renversement potentiel d'une tendance haussière à une tendance baissière.

- **Falling Wedge** : Formé par deux lignes de tendance descendantes, la ligne de tendance inférieure étant plus raide que la ligne de tendance supérieure. Cela indique un renversement potentiel d'une tendance baissière à une tendance haussière.

Utiliser l'analyse technique dans le trading

L'analyse technique peut être appliquée à diverses stratégies de trading, notamment le suivi de tendance, le trading dynamique et le swing trading. Voici quelques principes clés à prendre en compte lors de l'utilisation de l'analyse technique en trading :

Tradez avec la tendance

L'un des principes fondamentaux de l'analyse technique est de trader avec la tendance. En identifiant la direction de la tendance dominante, les traders peuvent augmenter leurs chances de succès en alignant leurs transactions sur l'orientation plus large du marché.

Utiliser plusieurs délais

L'analyse de plusieurs périodes permet aux traders d'avoir une vue complète de l'évolution des prix de l'action. Alors que les tendances à long terme fournissent le contexte général, les graphiques à plus court terme peuvent aider à identifier les points d'entrée et de sortie avec une plus grande précision.

Combiner les indicateurs techniques

Plutôt que de s'appuyer sur un seul indicateur technique, les traders utilisent souvent une combinaison d'indicateurs pour confirmer les signaux et filtrer les faux signaux. Par exemple, combiner un indicateur de suivi de tendance comme la moyenne mobile avec un oscillateur de dynamique comme le RSI peut fournir un signal de trading plus robuste.

Gérer le risque

La gestion des risques est essentielle dans le trading pour protéger le capital et préserver les bénéfices. La définition d'ordres stop-loss, la gestion de la taille des positions et le respect de ratios risque-récompense stricts sont des aspects cruciaux d'une gestion efficace des risques.

Restez discipliné

La discipline émotionnelle est essentielle dans le trading, car la peur et l'avidité peuvent conduire à une prise de décision irrationnelle. Suivre un plan de trading bien défini, respecter des critères d'entrée et de sortie prédéterminés et éviter les transactions impulsives sont essentiels pour réussir à long terme.

L'analyse technique est un outil précieux pour les traders et les investisseurs qui cherchent à naviguer sur le marché boursier et à prendre des décisions commerciales éclairées. En analysant les données historiques sur les prix et les volumes, en identifiant les modèles et les tendances et en utilisant des indicateurs techniques, les traders peuvent obtenir des informations sur la dynamique du marché et les futurs mouvements potentiels des prix.

Même si l'analyse technique a ses limites et ne peut pas prédire avec certitude les résultats futurs, elle fournit un cadre structuré pour analyser le comportement des cours des actions et identifier les opportunités de trading. En combinant l'analyse technique avec d'autres formes d'analyse, telles que l'analyse fondamentale et l'analyse du sentiment du marché, les traders peuvent développer une approche de trading complète qui augmente leurs chances de succès.

Comme pour toute stratégie de trading, l'apprentissage continu, la pratique et l'adaptation sont essentiels pour maîtriser l'analyse technique et atteindre une rentabilité à long terme en bourse. En perfectionnant leurs compétences et en restant disciplinés dans leur approche, les traders peuvent créer de la richesse au fil du temps et atteindre leurs objectifs financiers.

Chapitre 7 : Investissement à long terme ou à court terme

Investir en bourse propose diverses stratégies, chacune avec ses propres avantages et considérations. Deux approches principales sont l'investissement à long terme et le trading à court terme. Dans ce chapitre, nous aborderons les aspects essentiels des deux stratégies, en explorant leurs différences, leurs avantages et leurs défis, pour vous aider à naviguer sur le marché et à créer un patrimoine à long terme.

Investissement à long terme

L'investissement à long terme consiste à acheter et à conserver des actifs pendant une période prolongée, généralement plusieurs années ou plus. Les investisseurs se concentrent sur des facteurs fondamentaux tels que la santé financière d'une entreprise, son potentiel de croissance et ses avantages concurrentiels. Voici les aspects clés de l'investissement à long terme :

Avantages de l'investissement à long terme

1. **Croissance composée** : Les investisseurs à long terme bénéficient du pouvoir de la capitalisation, où les bénéfices réinvestis génèrent des rendements supplémentaires au fil du temps. En restant investis et en permettant à leurs investissements de croître, les investisseurs peuvent accumuler une richesse importante.

2. **Coûts de transaction inférieurs** : L'investissement à long terme implique généralement moins de transactions que les transactions à court terme, ce qui entraîne des frais de courtage et des taxes inférieurs. Cette rentabilité peut améliorer les rendements globaux à long terme.

3. **Volatilité réduite du marché** : Les investisseurs à long terme sont moins affectés par les fluctuations et le bruit du marché à court

terme. Ils peuvent résister aux baisses et à la volatilité des marchés, sachant que leur horizon d'investissement s'étend au-delà des fluctuations temporaires.

4. **Avantages fiscaux** : Dans de nombreuses juridictions, les plus-values à long terme sont imposées à des taux inférieurs à ceux des plus-values à court terme. Détenir des investissements à long terme peut entraîner des économies d'impôt, améliorant encore davantage les rendements nets.

5. **Opportunité de profiter de la croissance économique** : Les investisseurs à long terme peuvent bénéficier de la croissance globale de l'économie et des marchés mondiaux au fil du temps. À mesure que les entreprises se développent et que les économies se développent, les cours des actions ont tendance à augmenter, générant ainsi de la richesse pour les investisseurs à long terme.

Considérations pour l'investissement à long terme

1. **Patience et discipline** : Un investissement réussi à long terme nécessite de la patience et de la discipline. Les investisseurs doivent résister à la tentation de réagir aux fluctuations des marchés à court terme et rester concentrés sur leurs objectifs à long terme.

2. **Diversification** : La diversification dans différentes classes d'actifs, secteurs et régions géographiques peut aider à réduire le risque et à améliorer les rendements à long terme. Un portefeuille bien diversifié peut résister aux chocs du marché et aux ralentissements économiques.

3. **Examen périodique** : Bien que les investisseurs à long terme maintiennent une approche d'achat et de conservation, un examen périodique de leurs investissements est essentiel. Le rééquilibrage du portefeuille, la réévaluation des objectifs d'investissement et les ajustements

nécessaires garantissent l'alignement avec l'évolution des conditions du marché et de la situation personnelle.

4. **Gestion des risques** : Investir à long terme ne signifie pas ignorer le risque. Les investisseurs doivent évaluer et gérer soigneusement les facteurs de risque tels que le risque de marché, le risque commercial et le risque géopolitique pour protéger leur capital et atteindre leurs objectifs à long terme.

Exemples d'investisseurs à long terme qui réussissent

1. **Warren Buffett** : Le président-directeur général de Berkshire Hathaway, Warren Buffett, est l'un des investisseurs à long terme les plus prospères de l'histoire. Il suit une approche d'investissement axée sur la valeur, en se concentrant sur les sociétés sous-évaluées présentant des fondamentaux solides et des avantages concurrentiels.

2. **Peter Lynch** : Peter Lynch, ancien gestionnaire du Fonds Fidelity Magellan, a obtenu un succès remarquable en investissant dans des sociétés de croissance dotées de fondamentaux solides et d'un potentiel à long terme. Il a mis l'accent sur des recherches approfondies et sur la patience pour conserver les investissements.

3. **John Templeton** : L'investisseur de renom Sir John Templeton a bâti sa fortune en investissant dans des actions sous-évaluées du monde entier. Il croyait en une approche à contre-courant, achetant quand les autres étaient craintifs et vendant quand les autres étaient avides.

Trading à court terme

Le trading à court terme, également appelé trading actif ou spéculation, consiste à acheter et à vendre des actifs sur une courte période, souvent en quelques minutes, heures ou jours. Les traders se concentrent sur l'analyse technique, les tendances du marché et les mouvements de prix à court terme pour capitaliser sur les opportunités. Voici les aspects clés du trading à court terme :

Avantages du trading à court terme

1. **Potentiel de profits rapides** : les traders à court terme visent à profiter des mouvements rapides des prix sur le marché. En capitalisant sur les fluctuations à court terme, les traders peuvent générer des bénéfices rapides et obtenir des retours sur investissements élevés.

2. **Flexibilité et agilité** : les traders à court terme ont la flexibilité de s'adapter rapidement aux conditions changeantes du marché et de capitaliser sur les opportunités émergentes. Ils peuvent entrer et sortir rapidement de positions pour profiter des mouvements de prix à court terme.

3. **Liquidité** : le trading à court terme est bien adapté aux marchés liquides, où les actifs

peuvent être achetés et vendus rapidement sans impact significatif sur les prix. Les traders peuvent facilement entrer et sortir de positions sans être confrontés à des contraintes de liquidité.

4. **Concentrez-vous sur l'analyse technique** : les traders à court terme s'appuient fortement sur l'analyse technique pour identifier les points d'entrée et de sortie, les tendances et les modèles de mouvements de prix. Ils utilisent divers indicateurs techniques et modèles graphiques pour prendre des décisions commerciales.

Considérations relatives au trading à court terme

1. **Risque élevé** : le trading à court terme est intrinsèquement risqué, car il implique de prédire les mouvements de prix à court terme, qui peuvent être imprévisibles et volatils. Les traders doivent être prêts à accepter des pertes et à gérer efficacement les risques pour éviter des pertes financières importantes.

2. **Discipline émotionnelle** : Un trading à court terme réussi nécessite une discipline émotionnelle et une résilience psychologique. Les traders doivent contrôler leurs émotions, éviter les décisions impulsives et s'en tenir à leur plan de trading même pendant les périodes de turbulences du marché.

3. **Market Timing** : les traders à court terme doivent chronométrer avec précision leurs entrées et sorties pour capitaliser sur les mouvements de prix à court terme. Synchroniser correctement le marché est un défi et nécessite des compétences, de l'expérience et une compréhension approfondie de la dynamique du marché.

4. **Coûts de transaction** : les transactions à court terme peuvent être coûteuses en raison des achats et ventes fréquents d'actifs, ce qui entraîne des coûts de transaction, des frais de courtage et des taxes plus élevés. Les traders

doivent prendre en compte ces coûts dans leur stratégie de trading pour garantir la rentabilité.

Exemples de traders à court terme réussis

1. **George Soros** : Le célèbre gestionnaire de hedge funds George Soros est connu pour ses transactions à court terme réussies, capitalisant sur les inefficacités du marché et les tendances macroéconomiques. Il a réalisé un bénéfice d'un milliard de dollars en vendant à découvert la livre sterling en 1992, connu sous le nom de « mercredi noir ».

2. **Paul Tudor Jones** : Le gestionnaire de hedge funds Paul Tudor Jones est connu pour ses stratégies de trading macroéconomiques et sa capacité à profiter des mouvements du marché à court terme. Il a prédit avec succès le krach boursier de 1987 et a depuis réalisé des bénéfices importants grâce à des transactions actives.

3. **Larry Williams** : Larry Williams est un négociant en matières premières renommé, connu pour ses stratégies de trading à court terme et son expertise en analyse technique. Il a remporté la Coupe du monde de trading à terme en 1987 en transformant 10 000 $ en plus d'un million de dollars en moins d'un an.

Long terme ou court terme : choisir la bonne approche

Lorsqu'ils décident entre un investissement à long terme et un trading à court terme, les investisseurs doivent tenir compte de leurs objectifs financiers, de leur tolérance au risque, de leur horizon temporel et de leurs préférences personnelles. Voici quelques facteurs à prendre en compte lors du choix de la bonne approche :

Objectifs financiers

- **Investissement à long terme** : idéal pour les investisseurs cherchant à accumuler du patrimoine au fil du temps, comme l'épargne-

retraite, les fonds d'éducation ou le transfert de patrimoine générationnel.
- **Trading à court terme** : convient aux investisseurs recherchant des bénéfices rapides ou une génération de revenus grâce au trading actif, comme le day trading ou le swing trading.

Tolérance au risque

- **Investissement à long terme** : risque généralement plus faible en raison d'un horizon d'investissement plus long, permettant aux investisseurs de surmonter la volatilité des marchés et de se remettre des ralentissements temporaires.
- **Trading à court terme** : risque plus élevé en raison du potentiel de fluctuations de prix rapides et importantes, obligeant les traders à gérer activement les risques et à accepter les pertes.

Horizon temporel

- **Investissement à long terme** : nécessite un horizon temporel plus long de plusieurs années ou plus pour profiter pleinement des avantages de la capitalisation et de l'appréciation des actifs.
- **Trading à court terme** : implique des périodes courtes de quelques minutes, heures ou jours, nécessitant une surveillance fréquente et une prise de décision active.

Les conditions du marché

- **Investissement à long terme** : bien adapté aux conditions de marché stables et aux périodes de croissance économique, où les tendances à long terme sont plus prévisibles et durables.
- **Trading à court terme** : peut prospérer dans des conditions de marché à la fois volatiles et stables, car les traders à court terme peuvent profiter des mouvements de prix dans n'importe quelle direction.

Préférences personnelles

- **Investissement à long terme** : s'adresse aux investisseurs qui préfèrent une approche d'investissement passive et non interventionniste, leur permettant de se concentrer sur d'autres aspects de leur vie.
- **Trading à court terme** : attire les personnes qui aiment l'excitation et le défi du trading actif, ainsi que celles qui ont le temps et les ressources à consacrer à des activités de trading fréquentes.

L'investissement à long terme et le trading à court terme sont deux approches distinctes de l'investissement en bourse, chacune offrant des avantages et des défis uniques. L'investissement à long terme se concentre sur l'accumulation de richesse au fil du temps grâce à un investissement patient et discipliné dans des actifs fondamentalement sains. En revanche, le trading à court terme implique une spéculation active sur les mouvements de prix à court terme afin de générer des profits rapides.

En fin de compte, le choix entre l'investissement à long terme et le trading à court terme dépend des préférences individuelles, des objectifs financiers, de la tolérance au risque et de l'horizon temporel. Certains investisseurs peuvent préférer la stabilité et le potentiel de croissance à long terme de l'investissement à long terme, tandis que d'autres peuvent être attirés par l'enthousiasme et les profits potentiels du trading à court terme. En comprenant les principales différences entre ces approches et en les alignant sur leurs objectifs d'investissement, les investisseurs peuvent naviguer efficacement sur le marché et créer un patrimoine à long terme.

Chapitre 8 : Construire un portefeuille solide

Un portefeuille d'investissement bien construit est la pierre angulaire de la création de richesse à long terme en bourse. En sélectionnant soigneusement une combinaison d'actifs adaptée aux objectifs financiers individuels, à la tolérance au risque et à l'horizon temporel, les investisseurs peuvent atténuer les risques, maximiser les rendements et atteindre leurs objectifs. Dans ce chapitre, nous explorerons les aspects essentiels de la constitution d'un portefeuille solide, de la répartition et de la diversification des actifs au rééquilibrage du portefeuille et à la gestion des risques.

Comprendre l'allocation d'actifs

L'allocation d'actifs est le processus de division d'un portefeuille d'investissement entre différentes classes d'actifs, telles que les actions, les obligations, les liquidités et les investissements alternatifs. L'objectif de la répartition d'actifs est d'atteindre l'équilibre optimal entre risque et rendement en fonction des objectifs et de la tolérance au risque de l'investisseur. Voici les principes clés de l'allocation d'actifs :

Déterminer la tolérance au risque

La tolérance au risque fait référence à la capacité et à la volonté d'un investisseur de supporter des fluctuations de la valeur de ses investissements. Les facteurs influençant la tolérance au risque comprennent l'âge, les objectifs d'investissement, l'horizon temporel et la situation financière. Les investisseurs ayant une tolérance au risque plus élevée peuvent allouer une plus grande partie de leur portefeuille aux actions, qui offrent des rendements potentiels plus élevés mais également une volatilité plus élevée, tandis que ceux ayant une tolérance au risque plus faible peuvent préférer une allocation plus conservatrice avec une proportion plus élevée d'obligations et de liquidités.

Fixer des objectifs d'investissement

Les objectifs d'investissement varient en fonction des circonstances et des objectifs individuels. Les objectifs d'investissement courants comprennent l'accumulation de patrimoine pour la retraite, la génération de revenus, la préservation du capital et la croissance. En définissant des objectifs d'investissement clairs, les investisseurs peuvent aligner leur stratégie d'allocation d'actifs sur leurs objectifs financiers à long terme.

Choisir les classes d'actifs

Les classes d'actifs présentent des profils risque-rendement et des corrélations différents les unes avec les autres, ce qui les rend adaptées à différents objectifs d'investissement. Les principales classes d'actifs comprennent :

- **Actions (Actions)** : offrent les rendements potentiels les plus élevés mais aussi la volatilité la plus élevée. Les actions conviennent aux investisseurs axés sur la croissance à long terme.
- **Obligations (revenu fixe)** : offrent un revenu stable et un risque moindre par rapport aux actions. Les obligations conviennent aux investisseurs recherchant la génération de revenus et la préservation du capital.
- **Trésorerie et équivalents de trésorerie** : offrent stabilité et liquidité mais des rendements inférieurs à ceux des actions et des obligations. Les équivalents de trésorerie comprennent les fonds du marché monétaire et les bons du Trésor à court terme.
- **Investissements alternatifs** : incluent l'immobilier, les matières premières, les fonds

spéculatifs et le capital-investissement. Les investissements alternatifs peuvent offrir une diversification et des rendements potentiellement plus élevés, mais comportent souvent un risque plus élevé et moins de liquidité.

Mise en œuvre de l'allocation d'actifs

Une fois les classes d'actifs choisies, les investisseurs peuvent mettre en œuvre une allocation d'actifs en allouant un pourcentage de leur portefeuille à chaque classe d'actifs en fonction de leur tolérance au risque et de leurs objectifs d'investissement. Par exemple, un investisseur à risque modéré pourrait allouer 60 % de son portefeuille aux actions, 30 % aux obligations et 10 % aux liquidités et aux alternatives.

Diversification : répartir le risque entre les actifs

La diversification est la pratique consistant à répartir les investissements entre différents actifs au sein de chaque classe d'actifs afin de réduire l'impact d'un investissement unique sur l'ensemble du portefeuille. Le but de la diversification est de minimiser les risques sans sacrifier les rendements. Voici comment fonctionne la diversification :

Types de diversification

1. **Diversification de la répartition des actifs** : Répartir les investissements entre différentes classes d'actifs, telles que les actions, les obligations et les liquidités, pour réduire le risque global du portefeuille.
2. **Diversification sectorielle** : investir dans des entreprises de différents secteurs de l'économie, tels que la technologie, la santé, la finance et les biens de consommation, pour atténuer les risques spécifiques au secteur.
3. **Diversification géographique** : Répartir les investissements entre différentes régions géographiques et pays afin de réduire l'exposition aux risques et aux événements géopolitiques spécifiques à chaque pays.

4. **Diversification de l'entreprise** : Investir dans une combinaison diversifiée d'entreprises individuelles au sein de chaque secteur afin de minimiser l'impact des risques spécifiques à l'entreprise, tels qu'une mauvaise performance financière ou des problèmes de gestion.

Avantages de la diversification

1. **Réduction des risques** : la diversification permet de répartir le risque sur plusieurs actifs, réduisant ainsi l'impact des événements indésirables sur l'ensemble du portefeuille. Même si certains investissements peuvent perdre de la valeur, d'autres peuvent bien performer, atténuant ainsi les pertes.
2. **Rendements stables** : Les portefeuilles diversifiés ont tendance à générer des rendements plus fluides et plus constants au fil du temps par rapport aux portefeuilles concentrés. Cette stabilité peut aider les investisseurs à conserver leurs investissements et à maintenir leur discipline en période de ralentissement des marchés.

3. **Opportunités améliorées** : La diversification permet aux investisseurs de capitaliser sur un plus large éventail d'opportunités d'investissement, y compris différents secteurs, régions et classes d'actifs. En se diversifiant, les investisseurs peuvent accéder à diverses sources de croissance et de revenus potentiels.

Rééquilibrage du portefeuille : maintenir l'allocation souhaitée

Le rééquilibrage de portefeuille est le processus de réalignage périodique de la répartition d'actifs d'un portefeuille sur ses pondérations cibles. Le rééquilibrage garantit que le portefeuille reste aligné sur la tolérance au risque et les objectifs d'investissement de l'investisseur au fil du temps. Voici comment fonctionne le rééquilibrage de portefeuille :

1. **Définir des seuils de rééquilibrage** : déterminez la plage dans laquelle les allocations d'actifs peuvent fluctuer avant de déclencher un

rééquilibrage. Par exemple, si l'allocation cible des actions est de 60 %, le seuil de rééquilibrage pourrait être fixé à ± 5 %.

2. **Surveiller la performance du portefeuille** : examinez régulièrement la performance du portefeuille et comparez-la à l'allocation d'actifs cible. Si certaines classes d'actifs s'écartent considérablement de leurs pondérations cibles, il est peut-être temps de les rééquilibrer.

3. **Réaffecter les actifs** : Achetez ou vendez des actifs selon les besoins pour ramener le portefeuille à son allocation cible. Cela peut impliquer de vendre des actifs dont la valeur s'est appréciée et d'acheter des actifs qui ont sous-performé.

4. **Tenez compte des implications fiscales** : Soyez conscient des implications fiscales lors du rééquilibrage d'un portefeuille, en particulier dans les comptes imposables. La vente d'actifs appréciés peut déclencher des impôts sur les plus-values, tandis que l'achat d'actifs supplémentaires peut également avoir des conséquences fiscales.

Fréquence de rééquilibrage

La fréquence du rééquilibrage du portefeuille dépend des préférences individuelles, des conditions du marché et des objectifs d'investissement. Les stratégies de rééquilibrage courantes comprennent :

- **Rééquilibrage annuel** : Rééquilibrez le portefeuille une fois par an à une date prédéterminée, comme l'anniversaire de la création du portefeuille ou la fin de l'exercice.
- **Rééquilibrage de seuil** : rééquilibrez le portefeuille chaque fois que les allocations d'actifs s'écartent de leurs pondérations cibles d'un certain pourcentage, tel que déterminé par des seuils de rééquilibrage prédéfinis.
- **Rééquilibrage de seuil et de calendrier** : combinez le rééquilibrage basé sur le seuil et le calendrier en définissant des seuils de rééquilibrage spécifiques et en rééquilibrant également le portefeuille chaque année, que les seuils soient ou non atteints.

Avantages du rééquilibrage du portefeuille

1. **Maintient l'allocation d'actifs** : le rééquilibrage garantit que le portefeuille maintient l'allocation d'actifs souhaitée, l'empêchant de devenir trop fortement pondéré en faveur d'une classe d'actifs ou d'un secteur particulier.
2. **Contrôle le risque** : en rééquilibrant périodiquement, les investisseurs peuvent contrôler le risque et éviter que leurs portefeuilles ne deviennent trop risqués pendant les marchés haussiers ou trop conservateurs pendant les marchés baissiers.
3. **Fixation des gains** : La vente d'actifs dont la valeur s'est appréciée lors du rééquilibrage permet aux investisseurs de verrouiller leurs gains et de réaliser des bénéfices, tandis que l'achat d'actifs qui ont sous-performé peut offrir des opportunités de croissance future.
4. **Discipline et stratégie** : le rééquilibrage impose la discipline et le respect de la stratégie d'investissement, aidant ainsi les investisseurs à

éviter les prises de décision émotionnelles et à rester concentrés sur les objectifs à long terme.

Gestion des risques dans la construction de portefeuille

La gestion des risques est un aspect essentiel de la construction d'un portefeuille, visant à identifier, évaluer et atténuer divers types de risques susceptibles d'avoir un impact sur les rendements des investissements. Voici quelques principes clés de la gestion des risques dans la construction de portefeuille :

Types de risque d'investissement

1. **Risque de marché** : risque de pertes dues à des changements dans les conditions du marché, tels que les ralentissements économiques, les fluctuations des taux d'intérêt et les événements géopolitiques.
2. **Risque de crédit** : Le risque de pertes dues au défaut ou à la solvabilité des émetteurs d'obligations ou d'autres titres à revenu fixe.

3. **Risque de liquidité** : Le risque de ne pas être en mesure d'acheter ou de vendre des actifs aux prix souhaités ou dans les quantités souhaitées en raison d'une liquidité insuffisante du marché.
4. **Risque d'inflation** : Le risque que l'inflation érode le pouvoir d'achat des rendements des investissements au fil du temps, réduisant ainsi les rendements réels.
5. **Risque de change** : Le risque de pertes dues aux fluctuations des taux de change pour les investissements libellés en devises étrangères.
6. **Risque de concentration** : Le risque de pertes dues à une surexposition à un seul actif, secteur ou région géographique.

Stratégies de gestion des risques

1. **Diversification** : La diversification entre différentes classes d'actifs, secteurs et régions géographiques peut aider à réduire le risque du portefeuille en répartissant l'exposition à diverses sources de risque.

2. **Répartition d'actifs** : l'allocation d'actifs en fonction de la tolérance au risque et des objectifs d'investissement peut aider à gérer le risque en équilibrant l'exposition à différents facteurs de risque.

3. **Utilisation de produits dérivés** : Les produits dérivés tels que les options, les contrats à terme et les swaps peuvent être utilisés pour se couvrir contre des risques spécifiques, tels que le risque de marché ou le risque de change.

4. **Ordres stop-loss** : la mise en œuvre d'ordres stop-loss peut aider à limiter les pertes en vendant automatiquement un titre si son prix tombe en dessous d'un niveau prédéterminé.

5. **Stress Tests** : La réalisation de stress tests pour évaluer la performance du portefeuille dans des conditions de marché défavorables peut aider à identifier les vulnérabilités potentielles et à éclairer les décisions de gestion des risques.

6. **Surveillance et examen** : Surveiller régulièrement les performances du portefeuille et effectuer des examens périodiques peut aider à identifier les risques émergents et à ajuster le portefeuille en conséquence.

Considérations comportementales

1. **Biais d'excès de confiance** : Les investisseurs peuvent faire preuve d'un biais d'excès de confiance, les conduisant à sous-estimer les risques et à surestimer les rendements potentiels. Reconnaître et atténuer l'excès de confiance peut aider les investisseurs à prendre des décisions plus éclairées et rationnelles.
2. **Aversion aux pertes** : Les investisseurs ont tendance à être plus sensibles aux pertes qu'aux gains, ce qui les amène à éviter de prendre des risques qui pourraient entraîner des pertes. Comprendre l'aversion aux pertes peut aider les investisseurs à trouver un équilibre entre risque et rendement dans la construction de leur portefeuille.
3. **Comportement grégaire** : Les investisseurs peuvent adopter un comportement grégaire, en suivant la foule et en ignorant leur propre analyse et leur propre jugement. Éviter les comportements grégaires peut aider les

investisseurs à maintenir discipline et indépendance dans la construction de leur portefeuille.

Étude de cas : théorie moderne du portefeuille

La théorie moderne du portefeuille (MPT), développée par Harry Markowitz dans les années 1950, est un cadre permettant d'optimiser les rendements d'un portefeuille tout en minimisant les risques. MPT met l'accent sur la diversification et la répartition d'actifs comme facteurs clés de la performance du portefeuille. En construisant des portefeuilles qui maximisent les rendements attendus pour un niveau de risque donné, les investisseurs peuvent réaliser des portefeuilles efficaces le long de la « frontière efficiente », représentant le meilleur compromis possible entre risque et rendement.

MPT introduit le concept de modèle de tarification des actifs financiers (CAPM), qui quantifie la relation entre le risque et le rendement en mesurant le rendement attendu d'un titre par rapport à son bêta, ou risque systématique. L'équation CAPM aide les investisseurs à déterminer le rendement attendu d'un titre individuel ou d'un portefeuille en fonction de son niveau de risque et du taux de rendement sans risque.

Application du monde réel

Dans la pratique, les investisseurs peuvent appliquer les principes MPT en construisant des portefeuilles diversifiés dans différentes classes d'actifs, telles que les actions, les obligations et les liquidités, en fonction de leur tolérance au risque et de leurs objectifs d'investissement. En allouant les actifs selon les principes du MPT et en rééquilibrant périodiquement le portefeuille pour maintenir la répartition d'actifs souhaitée, les investisseurs peuvent obtenir des rendements optimaux ajustés au risque sur le long terme.

Construire un portefeuille solide est essentiel pour réussir à long terme en bourse. En examinant attentivement la répartition des actifs, la diversification, le rééquilibrage du portefeuille et la gestion des risques, les investisseurs peuvent construire des portefeuilles qui correspondent à leurs objectifs financiers, à leur tolérance au risque et à leur horizon temporel. Qu'il s'agisse d'accumuler du patrimoine, de générer des revenus ou de préserver le capital, un portefeuille bien construit constitue la base de la constitution d'un patrimoine et d'une sécurité financière à long terme.

Chapitre 9 : Le rôle des dividendes dans la création de richesse

Les dividendes jouent un rôle crucial dans la constitution de richesse pour les investisseurs en bourse. Même si l'appréciation du capital est souvent l'objectif principal de nombreux investisseurs, les dividendes fournissent un flux de revenu constant et peuvent contribuer de manière significative à la croissance du portefeuille à long terme. Dans ce chapitre, nous explorerons les aspects essentiels des dividendes, y compris leurs avantages, les stratégies d'investissement en dividendes et les considérations nécessaires à la constitution d'un portefeuille axé sur les dividendes.

Comprendre les dividendes

Les dividendes sont des paiements versés par les entreprises à leurs actionnaires à partir des bénéfices ou des bénéfices non distribués de l'entreprise. Ils sont généralement distribués régulièrement, soit trimestriellement, semestriellement ou annuellement, et représentent une partie des bénéfices de l'entreprise restitués aux investisseurs. Voici les éléments clés des dividendes :

Types de dividendes

1. **Dividendes en espèces** : type de dividende le plus courant, versé en espèces aux actionnaires en fonction du nombre d'actions qu'ils possèdent.
2. **Dividendes en actions** : dividendes payés en actions supplémentaires de la société plutôt qu'en espèces. Les dividendes en actions sont souvent utilisés lorsque les liquidités sont rares ou lorsque l'entreprise souhaite récompenser les actionnaires sans affecter ses réserves de liquidités.
3. **Dividendes spéciaux** : dividendes ponctuels ou irréguliers versés en plus des dividendes réguliers, généralement lorsque l'entreprise réalise des bénéfices exceptionnels ou souhaite distribuer des liquidités excédentaires aux actionnaires.

Avantages des dividendes

1. **Revenu stable** : Les dividendes offrent un flux de revenus prévisible aux investisseurs, ce

qui les rend particulièrement attrayants pour les retraités ou ceux qui recherchent un revenu passif.

2. **Croissance à long terme** : Le réinvestissement des dividendes peut accélérer la croissance du portefeuille grâce au pouvoir de la composition, car les dividendes sont utilisés pour acheter des actions supplémentaires, qui génèrent ensuite davantage de dividendes.

3. **Couverture contre l'inflation** : Les dividendes ont toujours fourni une couverture contre l'inflation, car les entreprises ont tendance à augmenter leurs dividendes au fil du temps pour suivre le rythme de la hausse des prix.

4. **Volatilité plus faible** : Les actions versant des dividendes présentent souvent une volatilité plus faible que les actions ne versant pas de dividendes, car les dividendes fournissent un tampon en cas de ralentissement du marché et d'incertitude économique.

Rendement du dividende

Le rendement des dividendes est une mesure clé utilisée pour évaluer le revenu généré par une action versant des dividendes par rapport à son cours de bourse. Il est calculé en divisant le dividende annuel par action par le cours actuel de l'action et est exprimé en pourcentage. Un rendement en dividendes plus élevé indique un revenu plus élevé par rapport au prix de l'action.

Stratégies d'investissement en dividendes

L'investissement en dividendes implique la sélection d'actions offrant des rendements en dividendes attrayants, une croissance durable des dividendes et des fondamentaux solides. Voici quelques stratégies d'investissement en dividendes :

Investissement de croissance des dividendes

L'investissement de croissance des dividendes se concentre sur la sélection de sociétés ayant un historique d'augmentation constante de leurs dividendes au fil du temps. Ces sociétés disposent généralement de flux de trésorerie solides, de bénéfices stables et d'un engagement à restituer le capital aux actionnaires. En investissant dans des actions à dividendes croissants, les investisseurs peuvent bénéficier à la fois de la croissance des revenus actuels et futurs.

Investissement à haut rendement en dividendes

L'investissement à rendement de dividende élevé implique la sélection d'actions dont les rendements en dividendes sont supérieurs à la moyenne par rapport au marché ou au secteur. Même si des rendements de dividendes élevés peuvent être attrayants, les investisseurs doivent également tenir compte de la durabilité des dividendes et des fondamentaux sous-jacents de l'entreprise. Des rendements de dividendes élevés peuvent parfois signaler des difficultés financières ou un ratio de distribution insoutenable.

Plans de réinvestissement des dividendes (DRIP)

Les plans de réinvestissement des dividendes permettent aux investisseurs de réinvestir automatiquement leurs dividendes dans des actions supplémentaires de la même société sans encourir de frais de courtage. Les DRIP peuvent accélérer la composition des dividendes au fil du temps, entraînant une croissance plus rapide du portefeuille. De nombreuses entreprises proposent des DRIP directement aux actionnaires, tandis que certaines sociétés de courtage proposent également des services DRIP.

Focus sur le secteur et l'industrie

Certains secteurs et industries sont connus pour leurs actions versant des dividendes, comme les services publics, les biens de consommation de base et les fiducies de placement immobilier (REIT). Les investisseurs peuvent choisir de se concentrer sur des secteurs ou des industries spécifiques connus pour leurs flux de trésorerie stables et leur capacité à verser des dividendes.

Considérations pour constituer un portefeuille axé sur les dividendes

La constitution d'un portefeuille axé sur les dividendes nécessite un examen attentif de divers facteurs, notamment le rendement des dividendes, la croissance des dividendes, la diversification sectorielle et la gestion des risques. Voici quelques considérations clés :

Qualité des dividendes

Concentrez-vous sur les sociétés ayant un historique de versements de dividendes constants, des ratios de distribution durables et des fondamentaux solides. Évitez les entreprises présentant des niveaux d'endettement élevés, des bénéfices irréguliers ou des politiques de dividendes non durables.

Diversification

Diversifiez-vous dans différents secteurs, industries et régions géographiques pour répartir les risques et réduire la concentration. Évitez la surexposition à un seul secteur ou industrie, car les ralentissements économiques ou les risques spécifiques à un secteur pourraient avoir un impact sur les revenus de dividendes.

Stratégie de réinvestissement

Réfléchissez à l'opportunité de réinvestir les dividendes dans des actions supplémentaires de la même société (DRIP) ou d'utiliser les dividendes pour acheter des actions d'autres actions versant des dividendes. Évaluez l'impact potentiel du réinvestissement des dividendes sur la croissance et les revenus du portefeuille.

Considérations fiscales

Comprendre les implications fiscales des revenus de dividendes, y compris les dividendes admissibles et non admissibles et les taux d'imposition sur les revenus de dividendes. Envisagez des stratégies fiscalement avantageuses, telles que la détention d'actions versant des dividendes dans des comptes fiscalement avantageux comme les IRA ou les 401(k).

Gestion des risques

Surveillez la durabilité des dividendes, les changements dans les fondamentaux de l'entreprise et les conditions économiques qui pourraient avoir un impact sur la capacité à verser des dividendes. Soyez prêt à ajuster le portefeuille au besoin pour maintenir un équilibre entre les objectifs de revenu et de croissance.

Étude de cas : les aristocrates des dividendes

Les aristocrates de dividendes sont des sociétés de l'indice S&P 500 qui ont constamment augmenté leurs dividendes pendant au moins 25 années consécutives. Ces sociétés sont considérées comme des payeurs de dividendes fiables avec un historique de croissance des dividendes au cours de divers cycles de marché. Des exemples d'aristocrates de dividendes incluent des sociétés comme Johnson & Johnson, Procter & Gamble et Coca-Cola.

Application du monde réel

Les investisseurs peuvent constituer un portefeuille axé sur les dividendes en sélectionnant des aristocrates de dividendes ou d'autres actions de haute qualité versant des dividendes dans différents secteurs et industries. En combinant des actions de croissance des dividendes avec des actions à haut rendement en dividendes et en employant une stratégie de réinvestissement disciplinée, les investisseurs peuvent constituer un portefeuille diversifié qui génère un revenu constant et un potentiel de croissance à long terme.

Les dividendes jouent un rôle essentiel dans la constitution de richesse pour les investisseurs en bourse, fournissant un flux de revenus constant et contribuant à la croissance du portefeuille à long terme. En comprenant les avantages des dividendes, en employant des stratégies d'investissement en dividendes et en prenant en compte les considérations clés pour constituer un portefeuille axé sur les dividendes, les investisseurs peuvent exploiter le pouvoir des dividendes pour atteindre leurs objectifs financiers et créer une richesse à long terme. Qu'ils recherchent un revenu passif, une croissance de portefeuille ou une combinaison des deux, les dividendes offrent aux investisseurs un moyen efficace de générer des rendements et d'atteindre une sécurité financière au fil du temps.

Chapitre 10 : La psychologie de l'investissement

Comprendre la psychologie de l'investissement est essentiel pour naviguer avec succès sur le marché boursier et créer une richesse à long terme. Le comportement des investisseurs est influencé par une série de facteurs psychologiques, notamment les émotions, les préjugés et les erreurs cognitives, qui peuvent avoir un impact sur la prise de décision et les résultats des investissements. Dans ce chapitre, nous approfondirons les aspects clés de la psychologie des investisseurs, explorerons les préjugés et les pièges courants et discuterons des stratégies permettant de surmonter les barrières psychologiques afin de réussir à long terme sur le marché.

Le rôle de la psychologie dans l'investissement

L'investissement est autant une entreprise psychologique qu'analytique. Les émotions telles que la peur, l'avidité et l'excès de confiance peuvent obscurcir le jugement et conduire à une prise de décision irrationnelle. Comprendre comment la psychologie influence le comportement d'investissement peut aider les investisseurs à prendre des décisions plus éclairées et rationnelles. Voici quelques facteurs psychologiques clés qui affectent le comportement des investisseurs :

Peur et cupidité

La peur et la cupidité sont deux émotions puissantes qui déterminent le comportement des investisseurs en bourse. La peur de la perte peut pousser les investisseurs à vendre en panique pendant les ralentissements des marchés, tandis que la cupidité peut les pousser à rechercher des actions en vogue ou des investissements spéculatifs sans faire preuve de diligence raisonnable. Équilibrer ces émotions et maintenir une discipline émotionnelle est crucial pour un investissement réussi.

Excès de confiance

Le biais d'excès de confiance se produit lorsque les investisseurs surestiment leurs capacités et sous-estiment les risques, ce qui les amène à prendre des risques excessifs ou à réaliser des investissements spéculatifs. Les investisseurs trop confiants peuvent négocier plus fréquemment, ignorer les principes de diversification et ne pas réussir à évaluer correctement les risques de baisse de leurs investissements.

Biais de confirmation

Le biais de confirmation est la tendance à rechercher des informations qui confirment des croyances ou des opinions préexistantes tout en ignorant les preuves contradictoires. Les investisseurs peuvent interpréter de manière sélective les nouvelles et les informations en fonction de leurs préjugés existants, ce qui conduit à une prise de décision sous-optimale et à l'incapacité de prendre en compte des points de vue alternatifs.

Aversion aux pertes

L'aversion aux pertes est la tendance à préférer éviter les pertes plutôt que de réaliser des gains, ce qui conduit les investisseurs à conserver trop longtemps leurs investissements perdants dans l'espoir de récupérer leurs pertes. Cette réticence à réaliser des pertes peut empêcher les investisseurs de rééquilibrer leurs portefeuilles ou de réduire leurs pertes, ce qui entraînera des pertes supplémentaires au fil du temps.

Comportement de troupeau

Un comportement grégaire se produit lorsque les investisseurs suivent la foule et fondent leurs décisions d'investissement sur les actions des autres plutôt que sur leur propre analyse et jugement. Un comportement grégaire peut conduire à des bulles et à des krachs boursiers, car les investisseurs se précipitent sur des investissements populaires sans tenir compte des fondamentaux ou des valorisations sous-jacents.

Biais courants et erreurs cognitives

Les investisseurs sont sensibles à toute une série de préjugés et d'erreurs cognitives qui peuvent fausser leur jugement et conduire à une prise de décision sous-optimale. Reconnaître ces préjugés et ces erreurs est la première étape pour les surmonter. Voici quelques biais et erreurs cognitives courants en matière d'investissement :

Biais d'ancrage

Le biais d'ancrage se produit lorsque les investisseurs se concentrent sur une information ou un point de référence spécifique, tel que le prix qu'ils ont payé pour une action, et l'utilisent comme base pour prendre des décisions ultérieures. L'ancrage peut conduire les investisseurs à surpondérer l'importance des prix passés et à ignorer les nouvelles informations qui contredisent leur ancrage.

Disponibilité heuristique

L'heuristique de disponibilité est la tendance à s'appuyer sur des informations facilement disponibles pour prendre des décisions, plutôt que de rechercher des informations plus complètes ou plus précises. Les investisseurs peuvent réagir de manière excessive aux nouvelles ou événements récents, entraînant des fluctuations du marché à court terme disproportionnées par rapport à leur impact à long terme.

L'erreur du joueur

L'erreur du joueur est de croire que les résultats passés influencent les résultats futurs lors d'événements aléatoires, tels que des tirages au sort ou des mouvements boursiers. Les investisseurs peuvent croire à tort que la performance passée d'une action prédit sa performance future, ce qui conduit à des décisions d'investissement erronées basées sur des modèles historiques.

Biais de récence

Le biais de récence est la tendance à accorder plus de poids aux événements ou aux informations récents lors de la prise de décision, tout en ignorant les informations plus anciennes. Les investisseurs peuvent extrapoler les tendances récentes du marché dans le futur, en supposant que les conditions actuelles persisteront indéfiniment, ce qui peut conduire à une réaction excessive aux fluctuations du marché à court terme.

Erreur de coût irrécupérable

L'erreur du coût irrécupérable est la tendance à continuer d'investir dans une position ou un projet perdant en raison du temps, de l'argent ou des efforts déjà investis, plutôt que d'évaluer objectivement les perspectives de rendements futurs. Les investisseurs peuvent conserver leurs investissements perdus dans l'espoir de récupérer leurs pertes, même s'il est clair que la thèse de l'investissement s'est détériorée.

Stratégies pour surmonter les barrières psychologiques

Surmonter les obstacles psychologiques en matière d'investissement nécessite une conscience de soi, de la discipline et une approche systématique de la prise de décision. Voici quelques stratégies pour surmonter les préjugés et les pièges psychologiques courants :

Élaborer un plan d'investissement écrit

La création d'un plan d'investissement écrit avec des objectifs clairs, une tolérance au risque et des cibles de répartition d'actifs peut aider les investisseurs à rester concentrés sur leurs objectifs à long terme et à éviter de prendre des décisions impulsives basées sur leurs émotions ou les fluctuations du marché à court terme.

Pratiquez la discipline émotionnelle

La discipline émotionnelle est essentielle pour un investissement réussi. En reconnaissant et en gérant les émotions telles que la peur, l'avidité et l'excès de confiance, les investisseurs peuvent prendre des décisions plus rationnelles et éclairées. Des techniques telles que la méditation de pleine conscience ou la tenue d'un journal peuvent aider les investisseurs à cultiver la discipline émotionnelle et la conscience de soi.

Mener des recherches approfondies

Des recherches approfondies et une diligence raisonnable sont essentielles pour prendre des décisions d'investissement éclairées. Les investisseurs doivent rechercher diverses sources d'informations, envisager des points de vue alternatifs et évaluer soigneusement les facteurs fondamentaux qui déterminent les opportunités d'investissement avant de prendre des décisions d'achat ou de vente.

Diversifiez votre portefeuille

La diversification est l'un des moyens les plus efficaces d'atténuer les risques et de réduire l'impact des décisions d'investissement individuelles sur la performance globale du portefeuille. En répartissant les investissements entre différentes classes d'actifs, secteurs et régions géographiques, les investisseurs peuvent se protéger contre les risques idiosyncratiques de titres ou de secteurs individuels.

Restez informé mais évitez les réactions excessives

Il est important de rester informé des actualités et des évolutions du marché, mais les investisseurs doivent éviter de réagir de manière excessive aux fluctuations ou au bruit du marché à court terme. Adopter une perspective à long terme et se concentrer sur les fondamentaux des investissements peut aider les investisseurs à éviter les réactions instinctives et à prendre des décisions plus rationnelles.

Étude de cas : Warren Buffett

Warren Buffett, le légendaire investisseur et PDG de Berkshire Hathaway, est réputé pour son approche disciplinée de l'investissement et sa capacité à surmonter les barrières psychologiques. Buffett conseille aux investisseurs d'être craintifs lorsque les autres sont avides et d'être avides lorsque les autres ont peur, soulignant l'importance de la discipline émotionnelle et de la pensée à contre-courant pour un investissement réussi.

Application du monde réel

Les investisseurs peuvent apprendre de l'approche de Warren Buffett en se concentrant sur les fondamentaux à long terme des investissements, en maintenant une discipline émotionnelle en cas de volatilité des marchés et en évitant de succomber à une mentalité grégaire ou à la spéculation à court terme. En suivant les principes d'investissement axés sur la valeur et de patience de Buffett, les investisseurs peuvent créer de la richesse de manière constante au fil du temps.

La psychologie de l'investissement joue un rôle essentiel en façonnant le comportement des investisseurs et en influençant les résultats des investissements. En comprenant les facteurs psychologiques qui motivent les décisions d'investissement, en reconnaissant les préjugés et les pièges courants et en mettant en œuvre des stratégies pour surmonter les barrières psychologiques, les investisseurs peuvent améliorer leur prise de décision et augmenter leurs chances de succès à long terme en bourse. Qu'il s'agisse de gérer la peur et l'avidité, d'éviter les erreurs cognitives ou de rester discipliné face à la volatilité des marchés, maîtriser la psychologie de l'investissement est essentiel pour parvenir à un patrimoine et à une sécurité financière à long terme.

Chapitre 11 : Naviguer sur les marchés haussiers et baissiers

Les marchés haussiers et baissiers sont deux phases fondamentales qui caractérisent le flux et le reflux du marché boursier. Comprendre comment naviguer dans ces cycles de marché est essentiel pour les investisseurs qui cherchent à créer un patrimoine à long terme. Dans ce chapitre, nous explorerons les caractéristiques des marchés haussiers et baissiers, les stratégies d'investissement dans chacun d'eux et les tactiques de gestion des risques et de maximisation des rendements dans les deux environnements.

Comprendre les marchés haussiers et baissiers

Les marchés haussiers et baissiers représentent respectivement des périodes d'optimisme et de pessimisme sur le marché boursier. Alors que les marchés haussiers se caractérisent par la hausse des cours boursiers et l'optimisme des investisseurs, les marchés baissiers sont marqués par la baisse des prix et le pessimisme des investisseurs. Voici un aperçu de chacun :

Marchés haussiers

- **Caractéristiques** : Les marchés haussiers se caractérisent par une hausse des cours boursiers, une forte confiance des investisseurs et une expansion économique. Ils sont généralement alimentés par des indicateurs

économiques positifs, tels qu'une croissance robuste du PIB, un faible taux de chômage et de solides bénéfices des entreprises.
- **Durée** : Les marchés haussiers peuvent durer des mois, voire des années, portés par un optimisme soutenu et la pression d'achat des investisseurs.
- **Comportement des investisseurs** : pendant les marchés haussiers, les investisseurs ont tendance à faire preuve de confiance et d'optimisme, ce qui conduit à une prise de risque accrue et à une concentration sur les investissements axés sur la croissance.
- **Exemples** : Le marché haussier des années 1990, alimenté par le boom des entreprises Internet, et le marché haussier plus récent qui a suivi la crise financière mondiale de 2008-2009, sont des exemples notables de périodes soutenues d'optimisme et de croissance du marché.

Marchés baissiers

- **Caractéristiques** : Les marchés baissiers se caractérisent par la baisse des cours des actions, le pessimisme des investisseurs et la contraction économique. Ils sont généralement déclenchés par des indicateurs économiques négatifs, tels que des conditions de récession, une hausse du chômage et une baisse des bénéfices des entreprises.
- **Durée** : les marchés baissiers peuvent varier en durée mais sont généralement plus courts que les marchés haussiers. Cependant, ils peuvent être plus intenses et entraîner des pertes importantes pour le portefeuille.
- **Comportement des investisseurs** : pendant les marchés baissiers, les investisseurs ont tendance à faire preuve de peur et de prudence, ce qui conduit à une aversion pour le risque et à une concentration sur la préservation du capital. Le sentiment du marché devient négatif et la pression à la vente s'intensifie.
- **Exemples** : Le marché baissier de 2008-2009, déclenché par la crise financière mondiale, et le marché baissier de 2020, déclenché par la pandémie de COVID-19, sont des exemples

récents de périodes de ralentissement des marchés et de pessimisme des investisseurs.

Stratégies pour investir sur les marchés haussiers

Les marchés haussiers offrent aux investisseurs des opportunités de capitaliser sur la hausse des cours boursiers et l'expansion économique. Voici quelques stratégies pour investir sur les marchés haussiers :

Investissement de croissance

L'investissement de croissance se concentre sur l'identification d'entreprises présentant un fort potentiel de croissance des bénéfices et des perspectives de croissance élevées. Les investisseurs recherchent des entreprises proposant des produits ou des services innovants, une part de marché en expansion et des avantages concurrentiels.

Rotation sectorielle

La rotation sectorielle implique de déplacer les investissements vers des secteurs qui devraient surperformer pendant les périodes d'expansion économique. Les secteurs cycliques tels que la technologie, la consommation discrétionnaire et l'industrie ont tendance à bien performer sur les marchés haussiers, car ils bénéficient de l'augmentation des dépenses de consommation et des investissements des entreprises.

Trading dynamique

Le trading dynamique consiste à acheter des actions qui ont affiché une forte dynamique de prix et à vendre celles qui ont sous-performé. Les traders Momentum visent à capitaliser sur les tendances et la dynamique du marché, en surfant sur la vague de hausse des cours boursiers pendant les marchés haussiers.

Achète et garde

L'investissement « acheter et conserver » consiste à acheter des actions de haute qualité dotées de fondamentaux solides et à les conserver à long terme. Les investisseurs se concentrent sur les entreprises présentant des avantages concurrentiels durables, des bilans solides et une croissance constante des bénéfices.

Stratégies pour investir dans les marchés baissiers

Les marchés baissiers posent des défis aux investisseurs, mais ils présentent également des opportunités pour ceux qui y sont préparés. Voici quelques stratégies pour investir sur les marchés baissiers :

Actions défensives

Les actions défensives sont des sociétés qui ont tendance à bien performer en période de ralentissement économique en raison de la nature de leurs activités commerciales. Les exemples incluent les biens de consommation de base, les soins de santé et les services publics, qui fournissent des produits et services essentiels moins sensibles aux changements des conditions économiques.

Investissement en dividendes

L'investissement en dividendes se concentre sur la sélection d'actions offrant des dividendes stables et un fort potentiel de croissance des dividendes. Les actions versant des dividendes peuvent constituer une source de revenus et de stabilité pendant les marchés baissiers, aidant ainsi les investisseurs à résister à la volatilité des marchés.

Investissement de valeur

L'investissement axé sur la valeur consiste à identifier les actions sous-évaluées se négociant en dessous de leur valeur intrinsèque et à attendre que le marché reconnaisse leur véritable valeur. Les investisseurs axés sur la valeur se concentrent sur les entreprises présentant des fondamentaux solides, des indicateurs de valorisation faibles et une marge de sécurité.

Allocation d'actifs défensive

L'allocation d'actifs défensive consiste à déplacer les investissements vers des actifs plus sûrs tels que les obligations, les liquidités et l'or pendant les marchés baissiers afin de protéger le capital et de réduire la volatilité du portefeuille. Les investisseurs peuvent également envisager des investissements alternatifs tels que les fiducies de placement immobilier (REIT) ou les métaux précieux comme couverture contre les ralentissements du marché.

Gestion des risques sur les marchés haussiers et baissiers

La gestion des risques est essentielle pour naviguer avec succès sur les marchés haussiers et baissiers. Voici quelques stratégies de gestion des risques à considérer :

Diversification

La diversification est l'un des moyens les plus efficaces de gérer le risque d'un portefeuille. En répartissant les investissements entre différentes classes d'actifs, secteurs et régions géographiques, les investisseurs peuvent réduire l'impact des actions individuelles ou des risques spécifiques à un secteur.

Ordres stop-loss

Les ordres stop-loss peuvent aider les investisseurs à limiter les pertes en vendant automatiquement un titre si son prix tombe en dessous d'un niveau prédéterminé. Les ordres stop-loss peuvent être particulièrement utiles pendant les marchés baissiers pour se protéger contre de nouvelles baisses des cours boursiers.

Rééquilibrage

Le rééquilibrage du portefeuille consiste à ajuster périodiquement la répartition des actifs d'un portefeuille à ses pondérations cibles. Le rééquilibrage peut aider les investisseurs à maintenir un profil risque-rendement équilibré et à éviter une surexposition à une classe d'actifs ou à un secteur en particulier.

Paiement périodique par sommes fixes

La moyenne des coûts en dollars consiste à investir un montant fixe à intervalles réguliers, quelles que soient les conditions du marché. Cette stratégie peut aider les investisseurs à atténuer l'impact de la volatilité des marchés en répartissant les achats dans le temps. Pendant les marchés baissiers, la moyenne des coûts en dollars permet aux investisseurs d'acheter davantage d'actions à des prix plus bas, réduisant ainsi potentiellement le coût moyen par action à long terme.

Stratégies de couverture

La couverture consiste à utiliser des instruments financiers tels que des options, des contrats à terme ou des fonds négociés en bourse (ETF) inversés pour compenser les pertes potentielles d'un portefeuille. Les stratégies de couverture peuvent aider les investisseurs à se protéger contre le risque de baisse pendant les marchés baissiers tout en leur permettant de participer aux hausses potentielles pendant les marchés haussiers.

Considérations psychologiques sur les marchés haussiers et baissiers

La psychologie des investisseurs joue un rôle important dans la manière dont les individus naviguent sur les marchés haussiers et baissiers. Voici quelques considérations psychologiques à garder à l'esprit :

L'avidité et la peur

La cupidité et la peur sont deux émotions dominantes qui déterminent le comportement des investisseurs sur les marchés haussiers et baissiers. En période de marché haussier, les investisseurs peuvent devenir trop optimistes et avides, ce qui conduit à une prise de risque excessive. À l'inverse, pendant les marchés baissiers, la peur peut pousser les investisseurs à vendre en panique et à abandonner leurs stratégies d'investissement.

Biais de confirmation

Le biais de confirmation peut influencer la façon dont les investisseurs interprètent les informations et les actualités du marché pendant les marchés haussiers et baissiers. Les investisseurs peuvent rechercher des informations qui confirment leurs convictions existantes, ce qui les conduit à hésiter à prendre en compte des points de vue alternatifs ou de nouvelles informations qui contredisent leurs opinions.

Aversion aux pertes

L'aversion aux pertes est particulièrement prononcée pendant les marchés baissiers, car les investisseurs ont tendance à ressentir la douleur des pertes plus intensément que le plaisir des gains. Ce biais peut conduire les investisseurs à conserver trop longtemps leurs investissements perdants, dans l'espoir de récupérer leurs pertes, plutôt que de réduire leurs pertes et de réaffecter leur capital vers des opportunités plus prometteuses.

Comportement de troupeau

Le comportement grégaire est répandu aussi bien sur les marchés haussiers que baissiers, car les investisseurs se tournent souvent vers les autres pour trouver des indices sur la façon de se comporter. En période de marché haussier, un comportement grégaire peut exacerber l'exubérance du marché et conduire à des bulles d'actifs. Sur les marchés baissiers, un comportement grégaire peut intensifier la pression à la vente et exacerber les baisses du marché.

Étude de cas : la grande récession

La Grande Récession de 2008-2009 constitue une étude de cas convaincante sur la manière dont les investisseurs ont traversé un marché baissier sévère. Déclenchée par la crise des prêts hypothécaires à risque et l'effondrement des marchés financiers, la Grande Récession a entraîné un ralentissement économique mondial et d'importantes pertes boursières. Les investisseurs qui sont restés disciplinés et ont adhéré à leurs stratégies d'investissement ont été mieux placés pour résister à la tempête et capitaliser sur les opportunités lorsque les marchés ont fini par rebondir.

Application du monde réel

Les investisseurs peuvent tirer des leçons des expériences des cycles de marché passés, tels que la Grande Récession, pour éclairer leur prise de décision lors des marchés haussiers et baissiers. En comprenant les préjugés psychologiques qui influencent le comportement des investisseurs et en mettant en œuvre des stratégies d'investissement disciplinées, les investisseurs peuvent naviguer plus efficacement dans les cycles du marché et parvenir à une accumulation de richesse à long terme.

Naviguer sur les marchés haussiers et baissiers nécessite une combinaison de stratégies d'investissement disciplinées, de techniques de gestion des risques et une compréhension de la psychologie des investisseurs. En reconnaissant les caractéristiques de chaque phase du marché, en mettant en œuvre des stratégies d'investissement appropriées et en gérant les préjugés psychologiques, les investisseurs peuvent se positionner pour réussir à long terme en bourse. Qu'il s'agisse de capitaliser sur les opportunités pendant les marchés haussiers ou de préserver le capital pendant les marchés baissiers, une approche proactive et disciplinée en matière d'investissement est essentielle pour créer un patrimoine à long terme et atteindre la sécurité financière.

Chapitre 12 : Implémentation fiscale et comptes d'investissement

Les considérations fiscales font partie intégrante d'un investissement boursier réussi, car elles peuvent avoir un impact significatif sur les rendements des investissements et l'accumulation globale de patrimoine. Dans ce chapitre, nous aborderons les aspects essentiels de la mise en œuvre fiscale et les divers comptes de placement que les investisseurs peuvent utiliser pour optimiser leur efficacité fiscale et maximiser les rendements après impôt.

Comprendre les implications fiscales des investissements boursiers

Avant de plonger dans des stratégies fiscales et des comptes de placement spécifiques, il est essentiel de comprendre les implications fiscales de base de l'investissement boursier. Voici quelques concepts clés à considérer :

Impôt sur les plus-values

L'impôt sur les plus-values est un impôt prélevé sur les bénéfices réalisés lors de la vente d'un investissement. Les plus-values peuvent être à court terme (actifs détenus pendant un an ou moins) ou à long terme (actifs détenus pendant plus d'un an), avec des taux d'imposition différents s'appliquant à chacun. Les plus-values à long terme sont généralement imposées à des taux inférieurs à ceux des plus-values à court terme.

Impôt sur les dividendes

L'impôt sur les dividendes est un impôt prélevé sur les dividendes reçus d'investissements tels que les actions et les fonds communs de placement. Les dividendes peuvent être classés comme qualifiés ou non qualifiés, les dividendes qualifiés étant imposés aux taux d'imposition les plus bas sur les plus-values à long terme. Les dividendes non qualifiés sont imposés au taux d'imposition ordinaire sur le revenu de l'investisseur.

Comptes à impôt différé ou comptes imposables

Les investisseurs peuvent détenir leurs investissements soit dans des comptes à impôt différé, où les impôts sont différés jusqu'à ce que les retraits soient effectués, soit dans des comptes imposables, où les impôts sont payés annuellement sur les revenus et les gains de placement. Les comptes à impôt différé comprennent les comptes de retraite tels que les IRA traditionnels et les 401(k), tandis que les comptes imposables incluent les comptes de courtage et les comptes d'investissement individuels.

Stratégies fiscales pour les investissements boursiers

Pour minimiser l'impôt à payer et maximiser les rendements après impôt, les investisseurs peuvent mettre en œuvre diverses stratégies fiscales adaptées à leurs buts financiers et à leurs objectifs de placement. Voici quelques stratégies fiscales courantes pour l'investissement boursier :

Acheter et conserver à long terme

L'investissement à long terme consiste à acheter et conserver des actions de haute qualité et à les conserver pendant une période prolongée, généralement plus d'un an. En détenant des investissements à long terme, les investisseurs peuvent bénéficier de taux d'imposition des plus-values à long terme plus bas et reporter l'impôt jusqu'à ce qu'ils vendent leurs investissements.

Récolte des pertes fiscales

La récolte des pertes fiscales consiste à vendre des investissements qui ont subi des pertes pour compenser les gains en capital et réduire le revenu imposable. En réalisant des pertes, les investisseurs peuvent les utiliser pour compenser les gains d'autres investissements, réduisant ainsi leur obligation fiscale globale. La récolte des pertes fiscales peut être particulièrement bénéfique dans des conditions de marché volatiles ou dans des comptes de placement imposables.

Emplacement des actifs

La localisation des actifs implique une répartition stratégique des investissements entre différents types de comptes en fonction de leur efficacité fiscale. Par exemple, les investissements fiscalement inefficaces tels que les obligations ou les actions à dividendes élevés peuvent être détenus dans des comptes à impôt différé, tandis que les investissements fiscalement avantageux tels que les fonds indiciels ou les actions de croissance peuvent être détenus dans des comptes imposables.

Conversions Roth IRA

Les conversions Roth IRA impliquent la conversion des actifs d'un IRA traditionnel ou 401(k) en un Roth IRA, où les retraits sont exonérés d'impôt à la retraite. Bien que les conversions Roth IRA entraînent des impôts dès le départ, elles peuvent être avantageuses pour les investisseurs qui s'attendent à se trouver dans une tranche d'imposition plus élevée à la retraite ou qui cherchent à diversifier leur exposition fiscale.

Types de comptes d'investissement

Les investisseurs ont accès à une variété de comptes de placement, chacun comportant ses propres avantages et considérations fiscales. Voici quelques types courants de comptes de placement :

IRA traditionnel

Un IRA traditionnel est un compte de retraite à impôt différé qui permet aux particuliers de verser des cotisations déductibles d'impôt, les impôts étant différés jusqu'à ce que les retraits soient effectués à la retraite. Les IRA traditionnels sont soumis aux distributions minimales requises (RMD) à partir de 72 ans.

Roth IRA

Un Roth IRA est un compte de retraite libre d'impôt qui permet aux particuliers de verser des cotisations après impôt, avec des retraits libres d'impôt à la retraite. Les Roth IRA ont des limites d'éligibilité en matière de revenu et ne sont pas soumis aux RMD du vivant du titulaire du compte.

401(k)

Un 401(k) est un compte de retraite parrainé par l'employeur qui permet aux employés de verser des cotisations avant impôts, les impôts étant différés jusqu'à ce que les retraits soient effectués à la retraite. Certains employeurs peuvent proposer des options Roth 401(k), qui permettent des cotisations après impôt avec des retraits en franchise d'impôt à la retraite.

Compte de courtage

Un compte de courtage est un compte de placement imposable qui permet aux particuliers d'acheter et de vendre des actions, des obligations, des fonds communs de placement et d'autres titres. Contrairement aux comptes de retraite, les comptes de courtage n'offrent pas d'avantages fiscaux et les investisseurs sont soumis chaque année à des impôts sur les revenus et les gains de placement.

Compte d'épargne santé (HSA)

Un compte d'épargne santé (HSA) est un compte fiscalement avantageux qui permet aux personnes bénéficiant de plans de santé hautement déductibles d'épargner pour leurs frais médicaux. Les cotisations à un HSA sont déductibles d'impôt et les retraits pour frais médicaux admissibles sont exonérés d'impôt. Les HSA offrent également un potentiel de croissance des investissements à long terme.

Choisir les bons comptes d'investissement

Lors de la sélection des comptes de placement, les investisseurs doivent tenir compte de leurs objectifs de placement, de leur situation fiscale et de leur horizon temporel. Voici quelques facteurs à prendre en compte lors du choix des bons comptes de placement :

Efficacité fiscale

Tenez compte des implications fiscales des différents types de comptes de placement et de la manière dont ils s'alignent sur votre stratégie de placement. Par exemple, les comptes à impôt différé peuvent être préférables pour les investissements avec des rendements attendus élevés ou des implications fiscales importantes, tandis que les comptes imposables peuvent convenir aux investissements à court terme ou à faible impact fiscal.

Objectifs de retraite

Évaluez vos objectifs de retraite et comment divers comptes de retraite, tels que les IRA traditionnels, les Roth IRA et les 401(k), peuvent vous aider à les atteindre. Tenez compte de facteurs tels que les limites de cotisation, les restrictions de retrait et le traitement fiscal pour déterminer les comptes qui répondent le mieux à vos besoins.

Flexibilité d'investissement

Tenez compte des options de placement disponibles dans chaque type de compte de placement et de la manière dont elles correspondent à vos préférences et objectifs de placement. Certains comptes, tels que les comptes de courtage et les HSA, offrent une plus grande flexibilité dans les choix d'investissement, vous permettant de constituer un portefeuille diversifié adapté à votre tolérance au risque et à vos objectifs financiers.

Avantages sociaux de l'employeur

Si vous avez accès à des comptes de retraite parrainés par l'employeur comme 401(k)s ou Roth 401(k)s, envisagez de profiter des cotisations de contrepartie de l'employeur ou d'autres avantages. Les jumelages d'employeurs peuvent augmenter considérablement votre épargne-retraite et offrir un retour sur investissement immédiat.

Planification fiscale

Adoptez une approche proactive en matière de planification fiscale en optimisant vos comptes de placement afin de minimiser les impôts et de maximiser les rendements après impôt. Tenez compte de facteurs tels que les tranches d'imposition sur le revenu, les taux d'imposition des gains en capital et le moment des retraits pour élaborer une stratégie d'investissement fiscalement avantageuse qui s'aligne sur votre plan financier global.

Planification successorale

Les comptes de placement peuvent également jouer un rôle dans les stratégies de planification successorale et de transfert de patrimoine. Réfléchissez à l'impact de différents types de comptes, tels que les Roth IRA ou les comptes de courtage imposables, sur votre succession et vos bénéficiaires après votre décès. Travaillez avec un conseiller financier ou un avocat spécialisé en planification successorale pour élaborer un plan successoral complet qui répond à vos objectifs et minimise les implications fiscales pour vos héritiers.

Étude de cas : Planification de la retraite avec des comptes fiscalement avantageux

Prenons une étude de cas hypothétique pour illustrer l'importance des comptes fiscalement avantageux dans la planification de la retraite :

John et Sarah sont un couple marié au début de la quarantaine qui planifie sa retraite. Ils disposent d'un portefeuille d'investissement diversifié composé d'actions, d'obligations et d'immobilier. John participe au plan 401(k) de son employeur, tandis que Sarah a un IRA traditionnel d'un employeur précédent.

Stratégie fiscale : John et Sarah décident de maximiser chaque année leurs cotisations à des comptes de retraite fiscalement avantageux afin de réduire leur revenu imposable et d'épargner pour la retraite. Ils cotisent le montant maximum autorisé au plan 401(k) de John, profitant des cotisations de contrepartie de son employeur, et versent des cotisations régulières à l'IRA traditionnel de Sarah.

Répartition des investissements : dans leurs comptes de retraite, John et Sarah répartissent leurs investissements en fonction de leur tolérance au risque et de leurs objectifs de retraite. Ils détiennent un mélange d'actions et d'obligations dans leur 401(k) et leur IRA traditionnel, en mettant l'accent sur la croissance à long terme et la génération de revenus.

Efficacité fiscale : John et Sarah donnent la priorité aux investissements fiscalement avantageux en détenant des investissements fiscalement inefficaces, tels que des obligations imposables ou des fonds gérés activement, dans leurs comptes de retraite, tout en plaçant des investissements fiscalement avantageux, tels que des fonds indiciels ou des obligations municipales. , dans leur compte de courtage imposable.

Planification successorale : John et Sarah examinent régulièrement leurs désignations de bénéficiaires et leur plan successoral pour s'assurer que leurs comptes de placement sont alignés sur leurs objectifs de planification successorale. Ils tiennent compte de l'impact des impôts et des règles de distribution sur leurs héritiers et travaillent avec un avocat spécialisé en planification successorale pour minimiser les obligations fiscales et maximiser les opportunités de transfert de patrimoine.

Application du monde réel

En mettant en œuvre une stratégie de placement fiscalement avantageuse et en tirant parti de comptes fiscalement avantageux, John et Sarah peuvent optimiser leur épargne-retraite et atteindre leurs objectifs financiers à long terme. En profitant des régimes de retraite parrainés par l'employeur, en maximisant les cotisations aux IRA et en répartissant stratégiquement les investissements entre différents types de comptes, ils peuvent minimiser les impôts, maximiser la croissance des investissements et bâtir un avenir financier sûr pour eux-mêmes et leur famille.

La mise en œuvre fiscale et les comptes de placement sont des éléments essentiels d'un investissement boursier et d'une planification de retraite réussis. En comprenant les implications fiscales des différentes stratégies de placement et en tirant efficacement parti des comptes fiscalement avantageux, les investisseurs peuvent minimiser les impôts, maximiser les rendements après impôt et atteindre leurs objectifs d'accumulation de patrimoine à long terme. Qu'il s'agisse d'épargner pour la retraite, de constituer un portefeuille de placements ou de planifier un transfert successoral, une planification fiscale réfléchie et une utilisation stratégique des comptes de placement peuvent aider les investisseurs à naviguer dans les complexités du code des impôts et à bâtir une base financière solide pour l'avenir.

Chapitre 13 : Tirer parti de la technologie pour réussir sur le marché

À l'ère numérique d'aujourd'hui, la technologie joue un rôle crucial dans l'investissement boursier, offrant aux investisseurs l'accès à une multitude d'informations, d'outils analytiques et de plateformes de négociation. Des applications mobiles aux systèmes de trading algorithmiques, la technologie a révolutionné la façon dont les investisseurs recherchent, analysent et exécutent des transactions en bourse. Dans ce chapitre, nous explorerons les différentes façons dont les investisseurs peuvent tirer parti de la technologie pour réussir en bourse et créer une richesse à long terme.

Accès à l'information

L'un des avantages les plus importants de la technologie dans l'investissement boursier est l'accès à de grandes quantités d'informations. Avec la prolifération des sites Web d'informations financières, des blogs d'investissement et des plateformes de médias sociaux, les investisseurs ont accès en temps réel aux actualités, aux analyses de marché et aux avis d'experts du monde entier. En restant informés des tendances du marché, des indicateurs économiques et de l'évolution des entreprises, les investisseurs peuvent prendre des décisions plus éclairées et identifier les opportunités d'investissement avant qu'elles ne soient largement connues.

Exemple : applications d'actualités financières

Les applications d'actualités financières telles que Bloomberg, CNBC et Reuters offrent aux investisseurs des informations de dernière minute, des analyses de marché et des commentaires d'experts sur les actions, les obligations, les matières premières et les devises. Ces applications permettent aux investisseurs de rester informés des événements qui évoluent sur le marché et de prendre des décisions d'investissement en temps opportun, basées sur les dernières nouvelles et analyses.

Outils d'analyse

La technologie a également démocratisé l'accès à des outils analytiques sophistiqués et à des plateformes de recherche qui n'étaient autrefois accessibles qu'aux investisseurs institutionnels. Des filtres d'actions aux logiciels de cartographie, les investisseurs peuvent désormais effectuer facilement des analyses fondamentales et techniques approfondies. Ces outils analytiques aident les investisseurs à identifier les actions sous-évaluées, à suivre les tendances du marché et à développer des stratégies de trading basées sur des données quantitatives et des analyses statistiques.

Exemple : Filtre d'actions

Un filtre d'actions est un outil puissant qui permet aux investisseurs de filtrer les actions en fonction de critères spécifiques tels que la capitalisation boursière, le secteur industriel, les mesures de valorisation et la performance financière. En utilisant un filtre d'actions, les investisseurs peuvent affiner leur univers d'investissement et se concentrer sur les actions qui répondent à leurs critères d'investissement, économisant ainsi du temps et des efforts dans le processus de recherche.

Plateformes de trading

La technologie a révolutionné la manière dont les investisseurs exécutent leurs transactions en bourse, avec l'essor des plateformes de courtage en ligne et des applications de trading mobiles. Ces plateformes offrent aux investisseurs la possibilité d'acheter et de vendre des actions, des options et d'autres titres dans le confort de leur foyer ou en déplacement. Avec des fonctionnalités telles que des cotations en temps réel, des tableaux de bord personnalisables et des types d'ordres avancés, les plateformes de trading permettent aux investisseurs de prendre le contrôle de leurs décisions d'investissement et d'exécuter des transactions avec rapidité et précision.

Exemple : Robinhood

Robinhood est une application de trading sans commission populaire qui a démocratisé l'accès au marché boursier pour des millions d'investisseurs particuliers. Avec son interface conviviale et son modèle de trading sans commission, Robinhood a attiré une nouvelle génération d'investisseurs attirés par sa simplicité et sa facilité d'utilisation. Bien que parfois controversé, Robinhood a joué un rôle important en perturbant le secteur du courtage traditionnel et en permettant aux investisseurs individuels de participer au marché boursier.

Robo-Conseillers

Les robots-conseillers sont des plateformes d'investissement automatisées qui utilisent des algorithmes et des algorithmes informatiques pour gérer des portefeuilles et fournir des conseils en investissement. Ces plates-formes offrent aux investisseurs une approche pratique de l'investissement, avec des fonctionnalités telles que le rééquilibrage automatisé du portefeuille, la récolte des pertes fiscales et l'investissement basé sur des objectifs. Les robots-conseillers sont particulièrement bien adaptés aux investisseurs qui préfèrent une stratégie d'investissement passive ou qui manquent de temps ou d'expertise pour gérer leurs propres investissements.

Exemple : Front de richesse

Wealthfront est une plateforme de robot-conseiller de premier plan qui offre des services automatisés de gestion de portefeuille et de planification financière. Grâce à ses frais peu élevés, ses portefeuilles d'investissement diversifiés et ses stratégies fiscalement avantageuses, Wealthfront a attiré une clientèle large et fidèle d'investisseurs individuels à la recherche d'une approche d'investissement sans tracas. En tirant parti de la technologie et d'algorithmes basés sur les données, Wealthfront vise à optimiser les retours sur investissement et à aider les investisseurs à atteindre leurs objectifs financiers à long terme.

Trading algorithmique

Le trading algorithmique, également connu sous le nom de trading algo ou trading automatisé, consiste à utiliser des algorithmes informatiques pour exécuter des transactions en bourse à des vitesses et à des fréquences élevées. Les stratégies de trading algorithmique peuvent aller de simples approches basées sur des règles à des modèles mathématiques complexes qui analysent les données du marché et exécutent des transactions sur la base de critères prédéfinis. Le trading algorithmique est devenu de plus en plus répandu sur le marché boursier, représentant une part importante du volume total des transactions sur de nombreux marchés.

Exemple : trading haute fréquence (HFT)

Le trading à haute fréquence (HFT) est une forme de trading algorithmique qui utilise des ordinateurs puissants et des connexions de données à haut débit pour exécuter des transactions à des vitesses fulgurantes. Les sociétés HFT utilisent des algorithmes sophistiqués et des stratégies de trading exclusives pour capitaliser sur de petits mouvements de prix sur le marché, détenant souvent des positions pendant quelques millisecondes ou microsecondes seulement. Bien que controversé, le HFT est devenu une force dominante sur le marché boursier, offrant liquidité et efficacité, mais soulevant également des inquiétudes quant à la stabilité et à l'équité du marché.

Outils de gestion des risques

La technologie offre également aux investisseurs une gamme d'outils et de techniques de gestion des risques pour protéger leurs portefeuilles et minimiser les pertes. Des ordres stop-loss aux logiciels d'analyse de portefeuille, ces outils aident les investisseurs à identifier et à atténuer les risques dans leurs stratégies d'investissement.

Exemple : logiciel de gestion des risques

Le logiciel de gestion des risques fournit aux investisseurs des outils et des analyses pour évaluer le risque du portefeuille, identifier les vulnérabilités potentielles et mettre en œuvre des stratégies d'atténuation des risques. Ces outils peuvent analyser la performance du portefeuille, évaluer l'exposition à la volatilité du marché et tester les portefeuilles dans différents scénarios de marché. En utilisant un logiciel de gestion des risques, les investisseurs peuvent prendre des décisions plus éclairées et gérer de manière proactive les risques de leurs portefeuilles d'investissement.

Exploiter le Big Data et l'intelligence artificielle

La prolifération du Big Data et de l'intelligence artificielle (IA) a transformé l'investissement boursier, permettant aux investisseurs d'analyser de grandes quantités de données et d'extraire des informations exploitables à partir d'ensembles de données complexes. Les algorithmes basés sur l'IA peuvent analyser les tendances du marché, l'analyse des sentiments et le comportement des investisseurs pour identifier des modèles et prédire les mouvements du marché avec une plus grande précision.

Exemple : outils d'analyse des sentiments

Les outils d'analyse des sentiments utilisent des algorithmes de traitement du langage naturel (NLP) et d'apprentissage automatique pour analyser les articles de presse, les publications sur les réseaux sociaux et d'autres données textuelles afin d'évaluer le sentiment des investisseurs et celui du marché. En analysant le ton, le contexte et la fréquence des mentions d'actions ou de sujets spécifiques, les outils d'analyse des sentiments peuvent identifier les tendances et les changements de sentiment sur le marché et aider les investisseurs à prendre des décisions plus éclairées.

Surveillance du marché en temps réel

La technologie permet aux investisseurs de surveiller le marché boursier en temps réel, avec accès aux cotations en direct, aux flux d'actualités en streaming et aux analyses de données de marché. La surveillance du marché en temps réel permet aux investisseurs de réagir rapidement aux conditions changeantes du marché, aux événements d'actualité et aux mouvements de prix, leur permettant ainsi de capitaliser sur les opportunités et de minimiser les risques.

Exemple : plateformes de données de marché en temps réel

Les plateformes de données de marché en temps réel permettent aux investisseurs d'accéder à des cotations en direct, des graphiques et des données de marché provenant de bourses et d'institutions financières du monde entier. Ces plateformes proposent des tableaux de bord personnalisables, des outils graphiques avancés et des indicateurs techniques pour aider les investisseurs à suivre les tendances du marché et à prendre des décisions commerciales éclairées en temps réel.

Cybersécurité et confidentialité des données

À mesure que la technologie progresse, la cybersécurité et la confidentialité des données deviennent des considérations de plus en plus importantes pour les investisseurs. Avec l'essor des plateformes de trading en ligne et des comptes d'investissement numériques, les investisseurs doivent prendre des mesures pour protéger leurs informations personnelles et financières contre les cybermenaces et les violations de données.

Exemple : authentification à deux facteurs

L'authentification à deux facteurs (2FA) est une fonctionnalité de sécurité qui ajoute une couche de protection supplémentaire aux comptes en ligne en obligeant les utilisateurs à fournir deux formes d'identification avant d'accéder à leurs comptes. De nombreuses plateformes de courtage en ligne et applications d'investissement proposent 2FA comme fonctionnalité de sécurité standard pour aider à empêcher l'accès non autorisé aux comptes des investisseurs et à protéger les informations sensibles contre les cybermenaces.

Tirer parti de la technologie est essentiel pour réussir en bourse et créer une richesse à long terme. En exploitant la puissance de l'information, des outils analytiques, des plateformes de négociation et des techniques de gestion des risques, les investisseurs peuvent prendre des décisions plus éclairées et capitaliser sur les opportunités d'investissement avec une plus grande efficience et efficacité. De l'accès aux données de marché en temps réel à l'utilisation d'outils analytiques avancés, les investisseurs disposent de ressources sans précédent à portée de main pour naviguer dans les complexités du marché boursier et optimiser leurs stratégies d'investissement.

En outre, la technologie a uniformisé les règles du jeu pour les investisseurs de tous horizons et de tous niveaux d'expérience, démocratisant l'accès aux marchés financiers et permettant aux investisseurs individuels de prendre le contrôle de leur avenir financier. Que vous soyez un trader chevronné ou un investisseur novice, l'adoption de la technologie peut améliorer votre expérience d'investissement et vous aider à atteindre vos objectifs financiers à long terme.

Cependant, il est essentiel d'aborder la technologie avec discernement et de faire preuve de prudence lorsque l'on s'appuie sur des outils et des algorithmes automatisés. Même si la technologie peut fournir des informations précieuses et des gains d'efficacité, il est crucial de compléter les outils technologiques par le jugement humain et la pensée critique. En fin de compte, un investissement réussi nécessite une combinaison d'analyse basée sur les données, d'intuition du marché et de prise de décision disciplinée.

À mesure que la technologie continue d'évoluer, les investisseurs doivent rester informés des derniers développements et tendances en matière de technologie financière et de technologie d'investissement. En gardant une longueur d'avance et en s'adaptant aux progrès technologiques, les investisseurs peuvent rester compétitifs dans un paysage de marché en constante évolution et se positionner pour réussir à long terme.

En conclusion, tirer parti de la technologie pour réussir sur le marché n'est pas seulement une tendance : c'est un aspect fondamental de l'investissement moderne. En adoptant la technologie, en exploitant sa puissance et en l'intégrant dans votre approche d'investissement, vous pouvez débloquer de nouvelles opportunités, atténuer les risques et, en fin de compte, créer une richesse à long terme en bourse. Alors que vous vous lancez dans votre parcours d'investissement, n'oubliez pas d'exploiter judicieusement la technologie, de rester vigilant en matière de cybersécurité et de rester concentré sur vos objectifs financiers. Avec les bons outils et stratégies, la technologie peut être un allié puissant dans votre quête de succès boursier et de prospérité financière.

Chapitre 14 : Investissement éthique et durable

Ces dernières années, les investisseurs ont manifesté un intérêt croissant pour l'alignement de leurs investissements sur leurs valeurs et leurs convictions. L'investissement éthique et durable, également connu sous le nom d'investissement socialement responsable (ISR) ou d'investissement environnemental, social et de gouvernance (ESG), vise à générer des rendements financiers tout en ayant un impact positif sur la société et l'environnement. Dans ce chapitre, nous explorerons les aspects essentiels de l'investissement éthique et durable et comment les investisseurs peuvent intégrer ces principes dans leurs stratégies d'investissement pour créer un patrimoine à long terme.

Comprendre l'investissement éthique et durable

L'investissement éthique et durable implique de prendre en compte les facteurs environnementaux, sociaux et de gouvernance (ESG) ainsi que les considérations financières lors de la prise de décisions d'investissement. Ces facteurs englobent un large éventail de questions, notamment le changement climatique, les droits de l'homme, les pratiques de travail, la diversité et l'inclusion, la gouvernance d'entreprise et les pratiques commerciales éthiques.

Facteurs environnementaux

Les facteurs environnementaux se concentrent sur la manière dont les entreprises interagissent avec l'environnement et sur leur impact sur les ressources naturelles, les écosystèmes et le changement climatique. Les investisseurs peuvent prendre en compte des facteurs tels que les émissions de carbone, l'efficacité énergétique, l'utilisation d'énergies renouvelables, la gestion de la pollution et la conservation de l'eau lorsqu'ils évaluent la durabilité environnementale des entreprises.

Facteurs sociaux

Les facteurs sociaux concernent la manière dont les entreprises gèrent leurs relations avec leurs employés, clients, fournisseurs, communautés et autres parties prenantes. Les investisseurs peuvent évaluer des facteurs tels que les pratiques de travail, les relations avec les employés, les droits de l'homme, la diversité et l'inclusion, la sécurité des produits, l'engagement communautaire et la philanthropie lorsqu'ils évaluent la responsabilité sociale des entreprises.

Facteurs de gouvernance

Les facteurs de gouvernance se concentrent sur la façon dont les entreprises sont gérées et gouvernées, y compris leur structure d'entreprise, la composition du conseil d'administration, la rémunération des dirigeants, la transparence, la responsabilité et les pratiques commerciales éthiques. Les investisseurs peuvent évaluer des facteurs tels que l'indépendance du conseil d'administration, l'alignement des rémunérations des dirigeants, les droits des actionnaires, les mesures anti-corruption et le respect des réglementations lors de l'évaluation de la gouvernance d'entreprise.

L'essor de l'investissement éthique et durable

L'investissement éthique et durable a pris de l'ampleur ces dernières années, sous l'effet d'une prise de conscience croissante des questions environnementales et sociales, de l'évolution des préférences des consommateurs, de l'évolution de la réglementation et de la demande croissante des investisseurs pour des options d'investissement responsable. Selon la Global Sustainable Investment Alliance (GSIA), les actifs d'investissement durable ont atteint 35 300 milliards de dollars dans le monde en

2020, ce qui représente une augmentation significative par rapport aux années précédentes.

Investisseurs du millénaire et de la génération Z

Les jeunes générations, notamment les millennials et la génération Z, stimulent la demande d'options d'investissement éthiques et durables. Ces investisseurs sont plus susceptibles de donner la priorité aux questions environnementales et sociales dans leurs décisions d'investissement et de rechercher des opportunités d'investissement qui correspondent à leurs valeurs et convictions. À mesure que ces jeunes investisseurs héritent de richesses et deviennent plus influents sur les marchés financiers, l'investissement éthique et durable devrait continuer de gagner en importance.

Investisseurs institutionnels

Les investisseurs institutionnels, notamment les fonds de pension, les fonds de dotation, les fondations et les gestionnaires d'actifs, intègrent également de plus en plus de facteurs ESG dans leurs stratégies d'investissement. Ces investisseurs reconnaissent les risques et opportunités financiers potentiels associés aux questions environnementales et sociales et intègrent les considérations ESG dans leur analyse d'investissement et leurs processus décisionnels.

Initiatives réglementaires

Les initiatives réglementaires et les évolutions politiques stimulent davantage la croissance de l'investissement éthique et durable. Les gouvernements du monde entier mettent en œuvre des réglementations et des exigences de divulgation liées aux questions ESG, qui influencent le comportement des entreprises et les attentes des investisseurs. De plus, des initiatives telles que les objectifs de développement durable (ODD) des Nations Unies et l'accord de Paris sur le changement climatique façonnent l'agenda mondial et encouragent les investisseurs à allouer des capitaux aux objectifs de développement durable.

Stratégies pour un investissement éthique et durable

Il existe plusieurs stratégies que les investisseurs peuvent employer pour intégrer des principes éthiques et durables dans leurs portefeuilles d'investissement :

Dépistage négatif

Le filtrage négatif consiste à exclure des portefeuilles d'investissement les entreprises ou les industries qui se livrent à des activités jugées contraires à l'éthique ou nuisibles. Les exclusions courantes peuvent inclure les entreprises impliquées dans les secteurs du tabac, des armes, des combustibles fossiles, des jeux de hasard, de l'alcool ou des pratiques de travail controversées. La sélection négative permet aux investisseurs d'aligner leurs investissements sur leurs valeurs et d'éviter de soutenir des activités qu'ils jugent répréhensibles.

Dépistage positif

La sélection positive implique la sélection d'entreprises ou d'industries qui font preuve de solides pratiques environnementales, sociales et de gouvernance et qui contribuent à des résultats sociaux et environnementaux positifs. Les investisseurs peuvent se concentrer sur les entreprises qui promeuvent les énergies renouvelables, l'agriculture durable, les technologies propres, les soins de santé, l'éducation ou les initiatives de justice sociale. La sélection positive permet aux investisseurs de soutenir les entreprises qui ont un impact positif sur la société et l'environnement.

Intégration ESG

L'intégration ESG implique l'intégration de facteurs environnementaux, sociaux et de gouvernance dans les processus traditionnels d'analyse financière et de prise de décision d'investissement. Les investisseurs analysent les mesures ESG parallèlement aux mesures financières traditionnelles pour évaluer la durabilité globale et le profil de risque des entreprises. L'intégration ESG permet aux investisseurs d'identifier les opportunités et les risques qui pourraient ne pas être capturés par la seule analyse financière et de prendre des décisions d'investissement plus éclairées.

Investissement d'impact

L'investissement d'impact consiste à rechercher activement des investissements qui génèrent un impact social ou environnemental positif ainsi que des rendements financiers. Les investisseurs d'impact allouent des capitaux à des entreprises, des organisations ou des projets qui répondent à des défis sociaux ou environnementaux spécifiques, tels que le changement climatique, la réduction de la pauvreté, les soins de santé, l'éducation ou les infrastructures durables.

L'investissement d'impact permet aux investisseurs d'aligner leur capital d'investissement sur leurs valeurs et de contribuer à des résultats sociaux et environnementaux positifs.

Engagement actionnarial

L'engagement actionnarial implique un engagement actif auprès des entreprises sur les questions environnementales, sociales et de gouvernance par le biais du dialogue, du vote par procuration et du plaidoyer. Les investisseurs peuvent collaborer avec la direction de l'entreprise et d'autres parties prenantes pour promouvoir la transparence, la responsabilité et les pratiques commerciales responsables de l'entreprise. L'engagement actionnarial permet aux investisseurs d'influencer le comportement des entreprises, de susciter des changements positifs et d'améliorer leurs performances en matière de durabilité à long terme.

Performances et retours

De plus en plus de recherches suggèrent que l'investissement éthique et durable peut générer des rendements financiers compétitifs tout en générant un impact social et environnemental positif. De nombreuses études ont révélé une corrélation positive entre de solides performances ESG et des performances financières, les entreprises qui privilégient le développement durable surperformant souvent leurs pairs sur le long terme.

Matérialité financière

L'importance financière fait référence à la mesure dans laquelle les facteurs ESG sont financièrement pertinents pour la performance et la valorisation à long terme d'une entreprise. De plus en plus, les investisseurs reconnaissent que les facteurs ESG peuvent avoir des impacts significatifs sur la rentabilité des entreprises, la gestion des risques, la réputation de la marque, la fidélité des clients, la productivité des employés et la conformité réglementaire. En intégrant les considérations ESG dans l'analyse des investissements, les investisseurs peuvent mieux évaluer la durabilité et la résilience des entreprises et identifier les opportunités de création de valeur à long terme.

Gestion des risques

L'investissement éthique et durable peut également contribuer à atténuer les risques liés aux questions environnementales, sociales et de gouvernance susceptibles d'avoir un impact sur la performance de l'entreprise et la valeur actionnariale. Les entreprises ayant de solides pratiques ESG sont mieux placées pour gérer les risques tels que les amendes réglementaires, les litiges, les perturbations de la chaîne d'approvisionnement, les atteintes à la réputation et l'activisme des parties prenantes. En investissant dans des sociétés dotées de systèmes de gestion ESG robustes, les investisseurs peuvent réduire le potentiel de risque de baisse et protéger leurs portefeuilles d'investissement contre les événements indésirables.

Création de valeur à long terme

En fin de compte, l'investissement éthique et durable consiste à créer de la valeur à long terme pour les investisseurs, la société et la planète. En prenant en compte les impacts plus larges de leurs décisions d'investissement et en investissant dans des entreprises qui privilégient la durabilité et la responsabilité, les investisseurs peuvent contribuer à un changement social positif, à la conservation de l'environnement et au développement économique tout en atteignant leurs objectifs financiers. L'investissement éthique et durable offre une opportunité incontournable d'aligner les intérêts financiers sur les valeurs éthiques et de construire un avenir plus durable et plus équitable pour les générations à venir.

Défis et considérations

Si l'investissement éthique et durable offre de nombreux avantages, il existe également des défis et des considérations dont les investisseurs doivent être conscients :

Qualité et normalisation des données

L'un des défis de l'investissement éthique et durable réside dans le manque de données et de mesures ESG standardisées, ce qui peut rendre difficile pour les investisseurs de comparer les entreprises et d'évaluer avec précision leurs performances en matière de développement durable. Les investisseurs peuvent rencontrer des incohérences, des lacunes ou des divergences dans les rapports ESG, ce qui peut entraver leur capacité à prendre des décisions d'investissement éclairées. Des efforts visant à améliorer la qualité, la transparence et la normalisation des données sont essentiels pour relever ce défi et renforcer la crédibilité et la fiabilité de l'analyse ESG.

Écoblanchiment

Le greenwashing fait référence à la pratique des entreprises qui exagèrent ou dénaturent leurs engagements environnementaux ou sociaux pour paraître plus durables qu'elles ne le sont en réalité. Certaines entreprises peuvent se livrer au greenwashing pour attirer des investisseurs éthiques et durables sans apporter de changements significatifs à leurs pratiques commerciales. Les investisseurs doivent faire preuve de diligence raisonnable et effectuer des recherches approfondies pour identifier les véritables leaders en matière de développement durable et éviter d'investir dans des entreprises qui se livrent au greenwashing.

Compromis en matière de performance financière

Même s'il existe des preuves suggérant que l'investissement éthique et durable peut générer des rendements financiers compétitifs, certains investisseurs peuvent s'inquiéter des compromis potentiels entre performance financière et objectifs de durabilité. Investir dans des entreprises ayant de solides pratiques ESG peut impliquer de sacrifier les rendements à court terme ou l'exposition à certaines industries ou secteurs. Cependant, les partisans de l'investissement éthique et durable affirment que ces compromis sont souvent contrebalancés par les avantages à long terme d'un investissement dans des entreprises qui privilégient la durabilité et la responsabilité.

Manque de diversification

Un autre facteur à prendre en compte dans l'investissement éthique et durable est le manque potentiel de diversification des portefeuilles axés uniquement sur des entreprises socialement responsables ou respectueuses de l'environnement. En excluant des industries ou des secteurs entiers des investissements, les investisseurs peuvent par inadvertance limiter leur diversification et augmenter le risque de concentration dans leurs portefeuilles. Pour atténuer ce risque, les investisseurs peuvent envisager d'intégrer des principes d'investissement éthiques et durables aux stratégies de diversification traditionnelles afin d'obtenir un portefeuille équilibré et diversifié.

Subjectivité et alignement des valeurs

L'investissement éthique et durable est intrinsèquement subjectif, dans la mesure où les valeurs et les convictions des investisseurs peuvent différer lorsqu'il s'agit de définir ce qui constitue un comportement éthique ou durable. Ce qu'un investisseur considère comme éthique ou durable peut ne pas correspondre aux valeurs ou aux priorités d'un autre investisseur. Par conséquent, il n'existe pas d'approche unique en matière d'investissement éthique et durable, et les investisseurs doivent soigneusement tenir compte de leurs valeurs, préférences et objectifs individuels lorsqu'ils sélectionnent des investissements qui correspondent à leurs objectifs éthiques et durables.

Étude de cas : L'investissement éthique en action

Considérons une étude de cas hypothétique pour illustrer les principes d'investissement éthique en action :

La société A est une société multinationale opérant dans l'industrie agroalimentaire. L'entreprise a de solides antécédents en matière de performance financière, mais a été critiquée ces dernières années pour ses pratiques environnementales, notamment la déforestation, la pollution de l'eau et les émissions de gaz à effet de serre.

Ethical Investor B est un investisseur individuel passionné par la conservation de l'environnement et la responsabilité sociale. Préoccupé par l'impact environnemental des opérations de la société A, l'investisseur éthique B décide de mener des recherches plus approfondies sur les pratiques de développement durable de l'entreprise avant d'envisager un investissement.

L'investisseur éthique B effectue une analyse ESG complète de la société A, en examinant ses politiques environnementales, ses initiatives sociales et ses pratiques de gouvernance. Après un examen attentif, l'investisseur éthique B détermine que le bilan environnemental de la société A ne correspond pas à ses valeurs et décide de l'exclure de son portefeuille d'investissement.

Au lieu de cela, l'investisseur éthique B choisit d'investir dans la **société C**, un concurrent du secteur de l'alimentation et des boissons connu pour ses pratiques d'approvisionnement durable, ses opérations neutres en carbone et son engagement en faveur de la gestion de l'environnement. En investissant dans la société C, l'investisseur éthique B aligne son capital d'investissement avec ses valeurs et soutient une entreprise qui partage son engagement en faveur de la durabilité et de la responsabilité.

L'investissement éthique et durable offre aux investisseurs la possibilité d'aligner leurs décisions d'investissement sur leurs valeurs et convictions tout en générant des rendements financiers. En prenant en compte les facteurs environnementaux, sociaux et de gouvernance parallèlement aux indicateurs financiers traditionnels, les investisseurs peuvent identifier les opportunités d'investir dans des entreprises qui ont un impact positif sur la société et l'environnement.

Même si l'investissement éthique et durable présente des défis et des considérations, notamment des problèmes de qualité des données, des risques d'écoblanchiment et des compromis potentiels en matière de performance financière, les avantages d'un investissement ciblé et impactant sont importants. En intégrant des principes éthiques et durables dans leurs stratégies d'investissement, les investisseurs peuvent contribuer à un changement social positif, à la conservation de l'environnement et au développement économique tout en atteignant leurs objectifs financiers à long terme.

Alors que l'investissement éthique et durable continue de prendre de l'ampleur, les investisseurs ont l'opportunité de susciter des changements positifs dans le monde de l'entreprise, de façonner l'avenir de l'investissement et de construire un monde plus durable et plus équitable pour les générations à venir. En adoptant des principes d'investissement éthiques et durables, les investisseurs peuvent exploiter le pouvoir des marchés de capitaux pour créer un avenir meilleur pour tous.

Chapitre 15 : Opportunités d'investissement mondiales

Dans le monde interconnecté d'aujourd'hui, les investisseurs ont accès à un large éventail d'opportunités d'investissement au-delà de leurs marchés nationaux. L'investissement mondial permet aux investisseurs de diversifier leurs portefeuilles, d'accéder à de nouveaux marchés de croissance et de capitaliser sur les opportunités partout dans le monde. Dans ce chapitre, nous explorerons les aspects essentiels de l'investissement mondial, y compris les avantages, les risques, les stratégies et les considérations pour les investisseurs cherchant à créer un patrimoine à long terme sur les marchés internationaux.

Avantages de l'investissement mondial

Diversification

L'un des principaux avantages de l'investissement mondial est la diversification. En investissant dans des entreprises et des marchés de différentes régions et pays, les investisseurs peuvent répartir leurs risques et réduire l'impact des événements économiques, politiques ou de marché localisés sur leurs portefeuilles. La diversification entre régions géographiques contribue à atténuer les risques spécifiques à chaque pays et améliore la résilience du portefeuille.

Accès aux marchés de croissance

L'investissement mondial offre aux investisseurs l'accès à un univers plus large d'opportunités d'investissement, y compris les marchés émergents et frontières à fort potentiel de croissance. Les économies émergentes telles que la Chine, l'Inde, le Brésil et l'Asie du Sud-Est offrent aux investisseurs la possibilité de tirer parti de la croissance économique rapide, de l'urbanisation, de la hausse de la consommation de la classe moyenne et des progrès technologiques.

Diversification des devises

Investir sur les marchés internationaux permet aux investisseurs de diversifier leur exposition aux devises et de se protéger contre le risque de change. En détenant des actifs libellés dans différentes devises, les investisseurs peuvent réduire leur dépendance à l'égard d'une seule devise et protéger leurs portefeuilles des mouvements de change défavorables. La diversification des devises peut améliorer la stabilité du portefeuille et réduire la volatilité.

Exposition au secteur et à l'industrie

L'investissement mondial permet aux investisseurs de s'exposer à des secteurs et des industries qui peuvent être sous-représentés ou indisponibles sur leurs marchés nationaux. En investissant à l'international, les investisseurs peuvent accéder à des secteurs spécialisés, à des entreprises innovantes et à des marchés de niche susceptibles d'offrir des opportunités de croissance uniques et un potentiel de surperformance.

Risques liés à l'investissement mondial

Risque de change

L'un des principaux risques liés à l'investissement mondial est le risque de change, qui découle des fluctuations des taux de change entre les devises. Les variations de la valeur des devises peuvent avoir un impact sur les rendements des investissements internationaux, dans la mesure où les gains ou les pertes sur titres étrangers peuvent être compensés par les variations de la valeur de la monnaie locale par rapport à la monnaie nationale de l'investisseur. Le risque de change peut introduire de la volatilité et de l'incertitude dans les portefeuilles d'investissement.

Risque politique et réglementaire

Le risque politique et réglementaire fait référence à l'impact potentiel de l'instabilité politique, des politiques gouvernementales et des changements réglementaires sur les rendements des investissements. Les événements politiques tels que les élections, les tensions géopolitiques, les différends commerciaux ou les changements de direction gouvernementale peuvent créer de l'incertitude et de la volatilité sur les marchés internationaux. Les changements réglementaires, tels que les réformes fiscales, les accords commerciaux ou les réglementations industrielles, peuvent affecter l'environnement des affaires et les opportunités d'investissement dans les pays étrangers.

Risque économique et de marché

Le risque économique et de marché englobe le risque de ralentissement économique, de récession, de crise financière ou de corrections de marché sur les marchés étrangers. Des facteurs économiques tels que l'inflation, les taux d'intérêt, la croissance du PIB et les taux de chômage peuvent influencer les rendements des investissements et les performances du marché. Des facteurs spécifiques au marché, tels que les contraintes de liquidité, les inefficacités du marché ou le manque de transparence, peuvent également avoir un impact sur les opportunités d'investissement et les rendements des portefeuilles.

Risque juridique et de gouvernance

Le risque juridique et de gouvernance concerne la qualité des systèmes juridiques, les normes de gouvernance d'entreprise et l'État de droit dans les pays étrangers. De faibles protections juridiques, une application laxiste de la réglementation, la corruption ou le manque de transparence peuvent exposer les investisseurs à des risques tels que la fraude, l'expropriation, les litiges contractuels ou les violations des droits des actionnaires. Les investisseurs doivent évaluer l'environnement juridique et de gouvernance des marchés étrangers pour atténuer efficacement ces risques.

Stratégies pour l'investissement mondial

 Investissement passif ou actif

Les investisseurs peuvent investir à l'échelle mondiale via des stratégies d'investissement passives ou actives. L'investissement passif consiste à investir dans des fonds indiciels, des fonds négociés en bourse (ETF) ou des fonds communs de placement qui suivent de larges indices de marché ou des régions ou pays spécifiques. Les stratégies passives offrent une exposition diversifiée et à faible coût aux marchés mondiaux, mais peuvent manquer de potentiel de surperformance par rapport à la gestion active. L'investissement actif consiste à sélectionner des actions individuelles ou des fonds gérés activement sur la base d'une analyse fondamentale, d'études de marché et d'une expertise en investissement. Les gestionnaires actifs cherchent à surperformer le marché en identifiant les opportunités sous-évaluées, en exploitant les inefficacités du marché et en gérant activement les risques.

Allocation régionale et nationale

Les investisseurs peuvent répartir leurs portefeuilles d'investissement mondiaux dans différentes régions et pays en fonction de leurs objectifs d'investissement, de leur tolérance au risque et des perspectives du marché. Les stratégies d'allocation régionale peuvent se concentrer sur les marchés développés (tels que les États-Unis, l'Europe et le Japon), les marchés émergents (tels que la Chine, l'Inde et le Brésil) ou les marchés frontières (tels que le Vietnam, le Nigeria et le Bangladesh). Les stratégies d'allocation par pays peuvent prendre en compte des facteurs tels que les perspectives de croissance économique, la stabilité politique, l'environnement réglementaire et les valorisations boursières.

Investissement sectoriel et thématique

Les investisseurs peuvent également investir à l'échelle mondiale par le biais de stratégies d'investissement sectorielles ou thématiques. L'investissement sectoriel consiste à cibler des industries ou des secteurs spécifiques qui devraient surperformer le marché dans son ensemble en raison de tendances séculaires, de progrès technologiques ou de l'évolution des préférences des consommateurs.
L'investissement thématique se concentre sur les tendances ou mégatendances à long terme, telles que l'énergie propre, la transformation numérique, l'intelligence artificielle ou l'innovation en matière de soins de santé, qui stimulent la croissance économique et l'innovation mondiales.

Stratégies macroéconomiques mondiales

Les stratégies macroéconomiques mondiales impliquent de prendre des paris directionnels sur les tendances économiques mondiales, les événements géopolitiques ou les décisions de politique monétaire. Les investisseurs macroéconomiques mondiaux analysent les indicateurs macroéconomiques, tels que les taux d'intérêt, l'inflation, les devises et la politique budgétaire, pour identifier les opportunités d'investissement et gérer le risque du portefeuille. Les stratégies macroéconomiques mondiales peuvent inclure le trading de devises, de matières premières, de titres à revenu fixe ou de produits dérivés pour capitaliser sur les tendances macroéconomiques et les perturbations du marché.

Considérations pour l'investissement mondial

Recherche et diligence raisonnable

Avant d'investir à l'échelle mondiale, les investisseurs doivent effectuer des recherches approfondies et faire preuve de diligence raisonnable pour comprendre la dynamique économique, politique, réglementaire et commerciale des pays et régions étrangers. Cela peut impliquer l'analyse des indicateurs économiques, des risques géopolitiques, des cadres réglementaires, de la structure du marché et des tendances du secteur. Les investisseurs doivent également tenir compte des différences culturelles, des barrières linguistiques et des pratiques commerciales locales qui peuvent avoir un impact sur les décisions et les résultats d'investissement.

Couverture de change

Les investisseurs peuvent envisager de mettre en œuvre des stratégies de couverture de change pour atténuer le risque de change dans leurs portefeuilles d'investissement mondiaux. La couverture de change implique l'utilisation d'instruments financiers tels que des contrats à terme, des options ou des contrats à terme sur devises pour compenser l'impact des fluctuations des devises sur les rendements des investissements. Si la couverture de change peut réduire la volatilité, elle peut également entraîner des coûts et une complexité supplémentaires, et son efficacité peut varier en fonction des conditions du marché.

Perspective à long terme

L'investissement mondial nécessite une perspective à long terme et de la patience pour naviguer à travers les cycles de marché, les fluctuations économiques et les événements géopolitiques. Les investisseurs doivent adopter une approche disciplinée de l'investissement mondial, en se concentrant sur l'analyse fondamentale, la diversification du portefeuille et les principes de gestion des risques. En maintenant un horizon de placement à long terme et en restant attachés à leurs objectifs de placement, les investisseurs peuvent faire face à la volatilité à court terme et tirer parti des opportunités de croissance à long terme sur les marchés mondiaux.

Conseils professionnels

Compte tenu des complexités et des risques associés à l'investissement mondial, les investisseurs peuvent bénéficier des conseils professionnels de conseillers financiers, de gestionnaires de placements ou d'experts internationaux. Des professionnels expérimentés peuvent fournir des informations, des conseils et une expertise pour aider les investisseurs à développer une stratégie d'investissement mondiale qui correspond à leurs objectifs, leur tolérance au risque et leur horizon temporel. Les conseillers professionnels peuvent également aider à la construction de portefeuille, à la répartition d'actifs, ainsi qu'à la surveillance et au rééquilibrage continus du portefeuille afin de garantir que les investisseurs restent sur la bonne voie pour atteindre leurs objectifs financiers à long terme.

Opportunités des marchés émergents

Les marchés émergents offrent des opportunités uniques aux investisseurs en quête de croissance et de diversification. Ces marchés, caractérisés par un développement économique rapide, des tendances démographiques, une urbanisation et une innovation technologique, offrent des perspectives d'investissement attrayantes dans divers secteurs et industries. Les investisseurs peuvent accéder aux marchés émergents par le biais de placements en actions, en titres à revenu fixe ou en actifs alternatifs tels que le capital-investissement et le capital-risque.

Chine : En tant que deuxième économie mondiale et moteur majeur de la croissance mondiale, la Chine offre aux investisseurs l'accès à un large éventail d'opportunités d'investissement. De la technologie et du commerce électronique aux soins de santé et aux énergies renouvelables, l'économie dynamique de la Chine offre de nombreuses possibilités d'investissement. Toutefois, les investisseurs doivent être conscients des risques réglementaires, des tensions géopolitiques et des problèmes de gouvernance lorsqu'ils investissent sur les marchés chinois.

Inde : Avec une population jeune et croissante, l'Inde est sur le point de devenir l'une des plus grandes économies du monde dans les décennies à venir. Le secteur technologique florissant du pays, le marché de consommation en plein essor et les initiatives de développement des infrastructures offrent des opportunités d'investissement intéressantes. Toutefois, les investisseurs doivent être conscients des défis réglementaires, des obstacles bureaucratiques et des tensions géopolitiques qui peuvent avoir un impact sur les résultats des investissements en Inde.

Brésil : En tant que plus grande économie d'Amérique du Sud, le Brésil offre aux investisseurs une exposition à divers secteurs tels que l'agriculture, les mines, l'énergie et l'industrie manufacturière. Les ressources naturelles abondantes du pays, sa classe moyenne en expansion et ses projets d'infrastructure en font une destination attrayante pour les investissements. Toutefois, les investisseurs doivent surveiller les développements politiques, les réformes économiques et les préoccupations environnementales dans le paysage des investissements au Brésil.

Asie du Sud-Est : La région de l'Asie du Sud-Est, qui comprend des pays comme l'Indonésie, la Thaïlande, la Malaisie, le Vietnam et les Philippines, offre aux investisseurs un accès à des économies à croissance rapide et à des marchés de consommation dynamiques. Avec une classe moyenne croissante, des tendances à l'urbanisation et une connectivité croissante, l'Asie du Sud-Est présente des opportunités dans des secteurs tels que la technologie, les biens de consommation, les services financiers et les infrastructures. Cependant, les investisseurs doivent composer avec les complexités réglementaires, les nuances culturelles et les risques géopolitiques lorsqu'ils investissent sur les marchés d'Asie du Sud-Est.

Mégatendances mondiales

Les investisseurs peuvent également tirer parti des mégatendances mondiales qui façonnent l'avenir de l'économie et de la société mondiales. Ces mégatendances, stimulées par les progrès technologiques, les changements démographiques et les changements sociétaux, offrent des opportunités d'investissement à long terme dans divers secteurs et industries.

Énergie propre et durabilité : Avec une prise de conscience croissante du changement climatique et de la durabilité environnementale, l'énergie propre et la durabilité sont devenues des thèmes d'investissement clés. Les investisseurs peuvent investir dans des sources d'énergie renouvelables telles que l'énergie solaire, éolienne et hydroélectrique, ainsi que dans des entreprises d'infrastructures durables, d'efficacité énergétique et de technologies vertes. Les gouvernements, les entreprises et les consommateurs accordent de plus en plus la priorité au développement durable, créant des opportunités d'investissement dans des domaines tels que les véhicules électriques, le stockage des énergies renouvelables et l'agriculture durable.

Transformation numérique : La transformation numérique des industries et des économies révolutionne la façon dont les entreprises fonctionnent, communiquent et innovent. Les investisseurs peuvent tirer parti des tendances de la numérisation en investissant dans des entreprises technologiques, des plateformes numériques, le cloud computing, l'intelligence artificielle, le commerce électronique et la cybersécurité. Alors que le monde devient de plus en plus interconnecté et axé sur les données, les investissements dans la transformation numérique devraient stimuler la croissance et l'innovation dans des secteurs tels que la santé, la finance, l'industrie manufacturière et le divertissement.

Innovation en matière de soins de santé :
Les progrès en matière de technologie médicale, de biotechnologie et de prestation de soins de santé transforment le secteur de la santé et améliorent les résultats pour les patients. Les investisseurs peuvent participer à l'innovation en matière de soins de santé en investissant dans des sociétés pharmaceutiques, des sociétés de biotechnologie, des fabricants de dispositifs médicaux et des prestataires de services de santé. De la médecine de précision et de la thérapie génique à la télémédecine et aux startups de technologies de la santé, l'innovation dans le domaine de la santé offre aux investisseurs des opportunités de générer à la fois des rendements financiers et un impact sociétal.

Urbanisation et infrastructures :
L'urbanisation rapide et le développement des infrastructures remodèlent les villes et les économies du monde entier. Les investisseurs peuvent bénéficier d'investissements dans des projets d'infrastructure tels que les transports, les services publics, les télécommunications et

l'immobilier. Des villes intelligentes et des transports durables au logement abordable et à la gestion de l'eau, l'urbanisation et les investissements dans les infrastructures peuvent soutenir la croissance économique, améliorer le niveau de vie et relever les défis sociétaux.

Véhicules d'investissement mondiaux

Les investisseurs ont accès à une variété de véhicules et d'instruments d'investissement pour participer aux marchés mondiaux et mettre en œuvre leurs stratégies d'investissement.

Marchés boursiers : Les investissements en actions offrent aux investisseurs des participations dans des sociétés cotées en bourse dans le monde entier. Les investisseurs peuvent investir dans des actions individuelles, des fonds négociés en bourse (FNB) ou des fonds communs de placement offrant une exposition aux marchés boursiers mondiaux. Les investissements en actions offrent un potentiel d'appréciation du capital et de dividendes, mais comportent également des risques liés à la volatilité des marchés boursiers et à des facteurs spécifiques à l'entreprise.

Titres à revenu fixe : Les investissements à revenu fixe, tels que les obligations d'État, les obligations d'entreprises et la dette souveraine, permettent aux investisseurs de prêter de l'argent aux gouvernements et aux entreprises en échange de paiements d'intérêts périodiques et d'un remboursement du principal. Les titres à revenu fixe offrent des avantages en matière de génération de revenus, de diversification de portefeuille et de préservation du capital. Les investisseurs peuvent accéder aux marchés obligataires mondiaux via des fonds obligataires, des ETF obligataires ou en achetant directement des obligations émises par des gouvernements ou des sociétés étrangères.

Investissements alternatifs : Les investissements alternatifs englobent un large éventail de classes d'actifs non traditionnelles, notamment le capital-investissement, le capital-risque, les fonds spéculatifs, l'immobilier, les matières premières et les infrastructures. Les investissements alternatifs offrent des avantages en matière de diversification, un potentiel d'amélioration des rendements et une atténuation des risques de baisse. Les investisseurs peuvent accéder à des investissements alternatifs via des fonds spécialisés, des offres de placement privé ou des investissements directs sur les marchés privés.

Fonds et ETF mondiaux : Les fonds et ETF mondiaux offrent aux investisseurs une exposition diversifiée aux marchés et régions internationaux grâce à des portefeuilles d'actions, d'obligations ou d'autres titres gérés par des professionnels. Les fonds mondiaux peuvent se concentrer sur des régions, des pays, des secteurs ou des thèmes d'investissement spécifiques, permettant aux investisseurs d'adapter leur exposition à leurs objectifs et préférences d'investissement. Les ETF offrent liquidité, transparence et rentabilité, ce qui en fait des véhicules populaires pour l'investissement mondial.

Marché des changes (Forex) : Le marché des changes, ou marché des changes, permet aux investisseurs d'échanger des devises et de spéculer sur les mouvements des taux de change. Le trading sur le Forex permet aux investisseurs de couvrir le risque de change, de spéculer sur les paires de devises ou de s'engager dans des opérations de portage de devises. Si le trading sur le Forex offre des opportunités de profit, il implique également des risques importants, notamment l'effet de levier, la volatilité et les événements géopolitiques.

Diligence raisonnable et gestion des risques

Avant d'investir à l'échelle mondiale, les investisseurs doivent procéder à une diligence raisonnable et à une gestion des risques approfondies pour évaluer les opportunités et les risques associés aux marchés internationaux. Cela peut impliquer d'évaluer les indicateurs économiques, la stabilité politique, l'environnement réglementaire, la liquidité du marché, le risque de change et les tensions géopolitiques. Les investisseurs doivent diversifier leurs portefeuilles mondiaux dans différentes régions, secteurs et classes d'actifs pour atténuer les risques et améliorer la résilience. De plus, les investisseurs doivent rester informés des développements mondiaux, surveiller les performances de leur portefeuille et ajuster leurs stratégies d'investissement si nécessaire pour s'adapter aux conditions changeantes du marché.

L'investissement mondial offre aux investisseurs une multitude d'opportunités pour diversifier leurs portefeuilles, accéder à de nouveaux marchés en croissance et tirer parti des mégatendances mondiales. En investissant à l'échelle mondiale, les investisseurs peuvent bénéficier d'une diversification, d'un potentiel de croissance et d'une exposition à des entreprises et industries innovantes du monde entier. Cependant, l'investissement mondial comporte également des risques, notamment le risque de change, le risque politique, le risque économique et le risque réglementaire, que les investisseurs doivent gérer avec soin. Grâce à des recherches appropriées, à une diligence raisonnable et à une gestion des risques, les investisseurs peuvent exploiter la puissance des marchés mondiaux pour atteindre leurs objectifs financiers à long terme et créer de la richesse pour l'avenir.

Chapitre 16 : Apprendre de l'histoire du marché

Comprendre l'histoire du marché boursier est essentiel pour les investisseurs en quête de succès à long terme. En examinant les cycles, événements et tendances passés du marché, les investisseurs peuvent obtenir des informations précieuses sur le comportement du marché, la psychologie des investisseurs et les facteurs qui déterminent les rendements boursiers. Dans ce chapitre, nous explorerons les principales leçons de l'histoire des marchés qui peuvent éclairer la prise de décision des investisseurs et les aider à naviguer dans les complexités du marché boursier pour créer un patrimoine à long terme.

L'évolution du marché boursier

Origines du marché boursier

Les origines du marché boursier remontent à des civilisations anciennes telles que la Mésopotamie, la Grèce et Rome, où les marchands et les négociants échangeaient des titres et des marchandises. Cependant, les marchés boursiers modernes sont apparus au

XVIIe siècle avec la création de bourses formelles dans des villes comme Amsterdam et Londres. Ces premiers marchés boursiers ont facilité la négociation d'actions dans des sociétés par actions, offrant aux investisseurs la possibilité d'investir dans des entreprises commerciales et de partager les bénéfices et les risques.

La croissance et le développement

Le marché boursier a continué d'évoluer et de se développer au fil des siècles, stimulé par les progrès technologiques, le développement économique et la mondialisation. La montée de l'industrialisation au XIXe siècle a conduit à la prolifération de sociétés cotées en bourse dans des secteurs tels que les chemins de fer, l'acier, le pétrole et les télécommunications. Le développement des bourses dans les grands centres financiers comme New York, Tokyo et Hong Kong a facilité la négociation d'actions et d'obligations à l'échelle mondiale.

Krachs et paniques du marché

Tout au long de l'histoire, le marché boursier a connu des krachs, des paniques et des corrections périodiques qui ont ébranlé la confiance des investisseurs et provoqué des perturbations économiques généralisées. Des exemples notables incluent le krach de Wall Street de 1929, qui a déclenché la Grande Dépression, et le krach boursier de 1987, connu sous le nom de lundi noir, qui a entraîné une baisse soudaine et sévère des cours boursiers. Ces ralentissements du marché rappellent la volatilité inhérente et l'imprévisibilité du marché boursier.

Marchés haussiers et baissiers

Le marché boursier connaît des cycles d'expansion et de contraction appelés marchés haussiers et baissiers. Les marchés haussiers se caractérisent par la hausse des cours boursiers, l'optimisme des investisseurs et la croissance économique, tandis que les marchés baissiers sont marqués par la baisse des cours boursiers, le pessimisme des investisseurs et les ralentissements économiques. Comprendre la dynamique des marchés haussiers et baissiers peut aider les investisseurs à naviguer dans les cycles du marché et à ajuster leurs stratégies d'investissement en conséquence.

Leçons de l'histoire du marché

1. Les marchés sont cycliques

L'une des leçons les plus importantes de l'histoire des marchés est que les marchés sont de nature cyclique. Les marchés haussiers sont suivis de marchés baissiers, et vice versa, à mesure que le sentiment des investisseurs, les conditions économiques et les fondamentaux du marché fluctuent au fil du temps. Reconnaître le caractère inévitable des cycles de marché peut aider les investisseurs à éviter de rechercher la performance pendant les périodes d'euphorie des marchés et à maintenir leur discipline en période de ralentissement.

2. La perspective à long terme porte ses fruits

Les investisseurs qui adoptent une perspective à long terme et restent investis malgré les hauts et les bas des marchés ont tendance à être récompensés au fil du temps. Historiquement, le marché boursier a généré des rendements positifs à long terme, malgré la volatilité à court terme et les revers périodiques. En se concentrant sur leurs objectifs de placement, en maintenant un portefeuille diversifié et en évitant les réactions émotionnelles face aux fluctuations du marché, les investisseurs peuvent bénéficier du pouvoir de la capitalisation et de l'accumulation de richesse.

3. La diversification est la clé

La diversification est un principe fondamental de l'investissement qui a résisté à l'épreuve du temps. En répartissant leurs investissements sur différentes classes d'actifs, secteurs et régions, les investisseurs peuvent réduire les risques et améliorer les rendements ajustés au risque. La diversification aide à protéger les portefeuilles de l'impact des ralentissements d'actions ou de secteurs individuels et minimise le risque de pertes catastrophiques. Un portefeuille bien diversifié peut atténuer la volatilité et améliorer la stabilité du portefeuille à long terme.

4. Le timing du marché est difficile

Il est notoirement difficile, voire impossible, de synchroniser le marché, même pour les investisseurs chevronnés et les professionnels de la finance. Essayer de prédire les mouvements du marché à court terme ou de déterminer les points d'entrée et de sortie parfaits est une stratégie risquée et peu fiable. Le market timing implique une combinaison de chance, de compétence et d'intuition, et même les market timings qui réussissent peuvent se tromper le plus souvent. Au lieu d'essayer d'anticiper le marché, les investisseurs ont intérêt à se concentrer sur les principes de répartition des actifs, de diversification et d'investissement à long terme.

5. Le comportement des investisseurs est important

Le comportement des investisseurs joue un rôle important dans la volatilité des marchés et les rendements boursiers. Des émotions telles que la peur, l'avidité et l'excès de confiance peuvent conduire à des prises de décision irrationnelles, à des comportements grégaires et à des bulles de marché. Comprendre les biais comportementaux et les tendances psychologiques peut aider les investisseurs à éviter les pièges courants et à prendre des décisions d'investissement plus rationnelles et disciplinées. En restant disciplinés, patients et concentrés sur leurs objectifs à long terme, les investisseurs peuvent surmonter les défis psychologiques liés à l'investissement et obtenir de meilleurs résultats.

6. La crise peut créer des opportunités

Les crises, les ralentissements et les corrections du marché créent souvent des opportunités pour les investisseurs avisés de capitaliser sur des actifs sous-évalués et des perspectives d'investissement attrayantes. Pendant les périodes de turbulences sur les marchés, les cours des actions peuvent chuter à des niveaux qui ne reflètent pas la valeur intrinsèque des sociétés sous-jacentes, offrant ainsi des opportunités d'achat aux investisseurs axés sur la valeur. En maintenant la liquidité, en menant des recherches approfondies et en gardant un œil vigilant sur l'évolution du marché, les investisseurs peuvent identifier et exploiter les opportunités qui se présentent en cas de crise.

7. L'adaptabilité est essentielle

Le marché boursier est en constante évolution, stimulé par l'innovation technologique, les changements réglementaires, les événements géopolitiques et les changements d'humeur des investisseurs. Les investisseurs qui réussissent doivent rester adaptables et réactifs à l'évolution des conditions du marché, des tendances économiques et des paysages d'investissement. La flexibilité, l'apprentissage continu et la volonté d'ajuster les stratégies d'investissement sont des qualités essentielles pour naviguer dans la dynamique en constante évolution du marché boursier et réussir à long terme.

8. L'histoire rime, mais ne se répète pas

Même si l'étude de l'histoire des marchés peut fournir des informations et des enseignements précieux aux investisseurs, il est essentiel de reconnaître que l'histoire ne se répète pas exactement. Même si les modèles, cycles et tendances du marché peuvent rimer avec des événements passés, chaque environnement de marché est unique, façonné par une combinaison de facteurs économiques, politiques et sociaux. Les investisseurs doivent s'appuyer sur des précédents historiques pour éclairer leur prise de décision, mais rester attentifs au contexte et aux nuances de l'environnement de marché actuel.

9. La patience et la discipline sont des vertus

La patience et la discipline sont des vertus qui peuvent être très utiles aux investisseurs pour naviguer dans les hauts et les bas du marché boursier. Un investissement réussi nécessite une mentalité à long terme, la capacité de résister aux fluctuations à court terme et la discipline nécessaire pour adhérer à un plan d'investissement malgré la volatilité des marchés. En faisant preuve de patience et de discipline, les investisseurs peuvent éviter de succomber à des impulsions émotionnelles, rester concentrés sur leurs objectifs de placement et éviter de prendre des décisions impulsives qui pourraient faire dérailler leurs objectifs financiers à long terme.

10. L'éducation donne du pouvoir

Investir dans l'éducation et la connaissance est l'un des outils les plus puissants pour les investisseurs en quête de réussite en bourse. En se renseignant continuellement sur les marchés financiers, les stratégies d'investissement et les principes économiques, les investisseurs peuvent améliorer leur compréhension des facteurs qui déterminent les rendements boursiers et prendre des décisions stratégiques plus éclairées. Que ce soit par le biais d'auto-apprentissage, de programmes de formation professionnelle ou de conseils de conseillers financiers, investir dans l'éducation peut permettre aux investisseurs de renforcer leur confiance, leurs compétences et leur résilience pour naviguer dans les complexités du marché boursier.

11. Restez humble et ouvert d'esprit

Même les investisseurs les plus chevronnés peuvent apprendre de leurs erreurs, s'adapter aux conditions changeantes du marché et rester humbles et ouverts d'esprit dans leur approche de l'investissement. Reconnaître les limites de ses connaissances et de son expertise, rechercher des perspectives diverses et rester ouvert aux nouvelles idées et perspectives peuvent aider les investisseurs à éviter l'excès de confiance, les biais de confirmation et d'autres pièges cognitifs qui peuvent entraver la prise de décision. En cultivant l'humilité et la curiosité intellectuelle, les investisseurs peuvent améliorer continuellement leur processus d'investissement et augmenter leurs chances de succès à long terme en bourse.

12. Concentrez-vous sur les fondamentaux

Au milieu du bruit et de la volatilité du marché boursier, il est essentiel que les investisseurs se concentrent sur les fondamentaux de l'investissement. L'analyse fondamentale, qui consiste à évaluer la santé financière, les perspectives commerciales et la valorisation de sociétés individuelles, reste la pierre angulaire d'un investissement boursier réussi. En menant des recherches approfondies, en analysant les états financiers, en évaluant les avantages concurrentiels et en estimant la valeur intrinsèque, les investisseurs peuvent identifier les entreprises de haute qualité présentant un potentiel de croissance durable et des avantages concurrentiels. En se concentrant sur les fondamentaux et en adoptant une perspective à long terme, les investisseurs peuvent créer des portefeuilles résilients, capables de résister aux turbulences du marché et de générer des rendements supérieurs au fil du temps.

L'histoire du marché est une riche mosaïque d'événements, de cycles et de leçons qui peuvent informer et guider les investisseurs dans leur quête de richesse à long terme. En étudiant l'évolution du marché boursier, en comprenant les tendances et modèles clés et en tirant les leçons des succès et des échecs passés, les investisseurs peuvent développer les connaissances, les compétences et l'état d'esprit nécessaires pour naviguer avec succès dans les complexités du marché boursier. En tirant les leçons de l'histoire du marché, en restant disciplinés et en adhérant à des principes d'investissement éprouvés, les investisseurs peuvent augmenter leurs chances d'atteindre leurs objectifs financiers à long terme et de créer un patrimoine pour l'avenir.

Chapitre 17 : Éviter les pièges courants en matière d'investissement

Investir en bourse peut être un voyage enrichissant vers la création de richesse à long terme. Cependant, il est essentiel que les investisseurs soient conscients des pièges courants qui peuvent faire dérailler leur réussite en matière d'investissement. Dans ce chapitre, nous explorerons certains des pièges d'investissement les plus courants et fournirons des informations sur la manière de les éviter, afin de garantir que les investisseurs puissent naviguer sur le marché en toute confiance et atteindre leurs objectifs financiers.

1. Manque de recherche et de diligence raisonnable

L'un des pièges les plus courants en matière d'investissement est le manque de recherche et de diligence raisonnable. Investir dans des actions sans bien comprendre les entreprises, les secteurs et les marchés peut conduire à de mauvaises décisions d'investissement et à des pertes. Pour éviter cet écueil, les investisseurs doivent mener des recherches approfondies, analyser les états financiers, évaluer les avantages concurrentiels et évaluer la dynamique du secteur avant de prendre des décisions d'investissement. En prenant le temps de comprendre les fondamentaux sous-jacents de leurs investissements, les investisseurs peuvent faire des choix plus éclairés et stratégiques qui correspondent à leurs objectifs à long terme.

2. Investissement émotionnel

L'investissement émotionnel est un autre écueil courant qui peut nuire au succès des investissements. Prendre des décisions d'investissement fondées sur la peur, l'avidité ou la panique peut conduire à des actions impulsives et à des résultats sous-optimaux. Pour éviter les investissements émotionnels, les investisseurs doivent faire preuve de discipline, de patience et de rationalité dans leur processus de prise de décision. Ils doivent s'en tenir à leur plan d'investissement, éviter de courir après les tendances chaudes ou de fuir en cas de ralentissement des marchés, et maintenir une perspective à long terme. En maîtrisant leurs émotions et en se concentrant sur les fondamentaux, les investisseurs peuvent éviter des erreurs coûteuses et rester sur la bonne voie pour atteindre leurs objectifs financiers.

3. Sur-négociation

Les transactions excessives, ou les achats et ventes excessifs de titres, sont un piège courant qui peut éroder les rendements des investissements et augmenter les coûts de transaction. Les investisseurs peuvent succomber à la tentation de négocier fréquemment à la recherche de gains à court terme ou de réagir aux nouvelles et aux fluctuations du marché. Cependant, les transactions excessives peuvent entraîner un chiffre d'affaires élevé, des impôts sur les plus-values et des frais de négociation, qui peuvent gruger les bénéfices d'investissement. Pour éviter les transactions excessives, les investisseurs doivent adopter une approche disciplinée en matière d'investissement, se concentrer sur des objectifs à long terme et résister à l'envie de s'engager dans des transactions spéculatives. Ils doivent également être attentifs aux coûts de transaction et aux implications fiscales lors de l'exécution de transactions.

4. À la recherche de performances

La poursuite de la performance est un piège courant dans lequel les investisseurs courent après des actions ou des stratégies d'investissement récentes et très performantes dans l'espoir de reproduire les rendements passés. Cependant, les performances passées ne préjugent pas toujours des résultats futurs, et la poursuite de valeurs ou de tendances en vogue peut entraîner des déceptions et des pertes. Pour éviter cet écueil, les investisseurs devraient se concentrer sur les fondamentaux sous-jacents des investissements plutôt que sur les mouvements de prix à court terme. Ils doivent mener des recherches approfondies, évaluer les paramètres de valorisation et considérer les perspectives de croissance à long terme avant de prendre des décisions d'investissement. En évitant la tentation de rechercher la performance et en maintenant une approche d'investissement disciplinée, les investisseurs peuvent constituer un portefeuille résilient, capable de résister à la volatilité des marchés et de générer des rendements durables dans le temps.

5. Manque de diversification

Un autre piège courant est le manque de diversification, où les investisseurs concentrent leurs investissements sur quelques actions ou secteurs, s'exposant ainsi à des risques excessifs. Les portefeuilles concentrés sont vulnérables aux risques idiosyncratiques de chaque entreprise ou secteur, ce qui peut entraîner des pertes importantes si les choses tournent mal. Pour éviter cet écueil, les investisseurs doivent diversifier leurs portefeuilles entre différentes classes d'actifs, secteurs et régions afin de répartir les risques et de réduire la volatilité. Ils doivent répartir leurs investissements en fonction de leur tolérance au risque, de leur horizon d'investissement et de leurs objectifs financiers, en veillant à ce qu'aucun investissement n'ait un impact démesuré sur leur portefeuille. En se diversifiant efficacement, les investisseurs peuvent atténuer le risque et améliorer le profil risque-rendement de leurs portefeuilles d'investissement.

6. Ignorer la gestion des risques

Ignorer la gestion des risques est un piège courant qui peut exposer les investisseurs à des pertes inattendues et à la volatilité de leur portefeuille. De nombreux investisseurs se concentrent uniquement sur le potentiel de rendement sans prendre suffisamment en compte les risques associés à leurs investissements. Pour éviter cet écueil, les investisseurs doivent intégrer les principes de gestion des risques dans leur processus d'investissement, notamment l'allocation d'actifs, la diversification et la taille des positions. Ils doivent évaluer le compromis risque-récompense de chaque investissement, définir des stratégies stop-loss ou de sortie appropriées, et surveiller et rééquilibrer régulièrement leurs portefeuilles pour maintenir le risque à des niveaux acceptables. En donnant la priorité à la gestion des risques, les investisseurs peuvent protéger leur capital et préserver l'accumulation de richesse à long terme.

7. Mentalité de troupeau

La mentalité grégaire, ou la tendance à suivre la foule plutôt que de penser de manière indépendante, est un piège courant qui peut conduire à un comportement grégaire, à des bulles de marché et à des décisions d'investissement irrationnelles. Les investisseurs peuvent être influencés par les actions et les opinions des autres, ce qui conduit à une pensée de groupe et à des échanges axés sur la dynamique. Pour éviter cet écueil, les investisseurs doivent rester des penseurs indépendants, mener leurs propres recherches et prendre des décisions d'investissement fondées sur leurs propres analyses et convictions. Ils doivent résister à l'envie de suivre le troupeau ou de succomber à la pression de leurs pairs, et se concentrer plutôt sur leurs propres objectifs d'investissement et leur tolérance au risque. En conservant leur indépendance de pensée et en évitant la mentalité grégaire, les investisseurs peuvent éviter de succomber à l'euphorie ou à la panique du marché et prendre des décisions d'investissement plus rationnelles et éclairées.

8. Chronométrer le marché

Tenter d'anticiper le marché ou de prédire les mouvements de prix à court terme est un piège courant qui peut conduire à des résultats d'investissement sous-optimaux. Le market timing nécessite de prévoir avec précision les tendances du marché, ce qui est notoirement difficile, voire impossible, même pour les professionnels chevronnés. Pour éviter cet écueil, les investisseurs devraient adopter un horizon d'investissement à long terme et se concentrer sur le temps passé sur le marché plutôt que sur le timing du marché. Ils doivent résister à la tentation de s'engager dans des stratégies de market timing, telles que les transactions de market timing, les newsletters de market timing ou les fonds de market timing, qui entraînent souvent une sous-performance et un risque accru. En restant investi tout au long des cycles du marché et en adhérant à une approche d'investissement disciplinée, les investisseurs peuvent capter le potentiel de croissance à long terme du marché boursier tout en minimisant l'impact de la volatilité à court terme.

9. Excès de confiance

L'excès de confiance est un piège courant dans lequel les investisseurs surestiment leurs capacités, leurs connaissances ou leurs idées, ce qui conduit à une prise de risque excessive et à une mauvaise prise de décision. Les investisseurs trop confiants peuvent croire qu'ils peuvent systématiquement battre le marché, surpasser les gestionnaires de fonds professionnels ou prédire avec précision les mouvements du marché. Cependant, un excès de confiance peut conduire à des transactions excessives, à un effet de levier excessif et à une incapacité à évaluer correctement les risques. Pour éviter cet écueil, les investisseurs doivent rester humbles, réalistes et conscients d'eux-mêmes dans leur approche d'investissement. Ils doivent reconnaître leurs limites, rechercher des perspectives diverses et s'efforcer continuellement d'améliorer leurs compétences et leurs connaissances en matière d'investissement. En évitant l'excès de confiance et en restant humbles, les investisseurs peuvent prendre des décisions d'investissement plus prudentes et obtenir de meilleurs résultats à long terme sur le marché boursier.

Il est essentiel d'éviter les pièges d'investissement courants pour les investisseurs qui recherchent un succès à long terme en bourse. En effectuant des recherches approfondies, en contrôlant leurs émotions, en faisant preuve de discipline et en adhérant à de solides principes d'investissement, les investisseurs peuvent minimiser les risques et maximiser les rendements au fil du temps. En reconnaissant et en évitant les pièges courants, les investisseurs peuvent naviguer en toute confiance dans les complexités du marché boursier et atteindre leurs objectifs financiers.

Conclusion : naviguer sur la voie du succès boursier

Investir en bourse est un voyage rempli d'opportunités, de défis et d'incertitudes. Tout au long de ce guide complet, nous avons exploré les aspects essentiels de l'investissement boursier et fourni aux lecteurs des informations, des stratégies et des outils pour naviguer avec succès sur le marché et créer une richesse à long terme. Qu'il s'agisse de comprendre les bases du marché boursier ou d'éviter les pièges d'investissement courants, les investisseurs ont acquis les connaissances et les compétences nécessaires pour prendre des décisions éclairées et stratégiques qui correspondent à leurs objectifs financiers. Alors que nous concluons notre voyage, récapitulons quelques points clés et réfléchissons au chemin qui mène au succès boursier.

La connaissance, c'est le pouvoir

L'un des principes fondamentaux d'un investissement réussi est l'importance de la connaissance et de l'éducation. En se renseignant continuellement sur les marchés financiers, les stratégies d'investissement et les principes économiques, les investisseurs peuvent améliorer leur compréhension des facteurs qui déterminent les rendements boursiers et prendre des décisions plus éclairées. De l'étude de l'histoire du marché à l'analyse des tendances d'investissement en passant par la maîtrise des techniques d'analyse fondamentale et technique, les investisseurs ont la possibilité d'approfondir leurs connaissances et d'accroître leur confiance dans la navigation dans les complexités du marché boursier. En investissant dans l'éducation et en restant informés, les investisseurs peuvent se donner les moyens de faire de meilleurs choix d'investissement et de réussir à long terme.

La discipline et la patience portent leurs fruits

La discipline et la patience sont des vertus essentielles pour réussir en bourse. Un investissement réussi nécessite la discipline nécessaire pour s'en tenir à un plan d'investissement, la patience pour résister à la volatilité des marchés et la résilience nécessaire pour rester concentré sur les objectifs à long terme. En évitant les réactions émotionnelles face aux fluctuations du marché, en résistant à la tentation de rechercher des gains à court terme et en maintenant une perspective à long terme, les investisseurs peuvent surmonter les tempêtes du marché et maintenir le cap vers leurs objectifs financiers. Même si le marché boursier peut connaître des hauts et des bas à court terme, les investisseurs qui restent disciplinés et patients peuvent bénéficier du pouvoir de la capitalisation et de l'accumulation de richesse au fil du temps.

La diversification et la gestion des risques sont essentielles

La diversification et la gestion des risques sont des principes fondamentaux d'investissement prudent qui peuvent aider les investisseurs à atténuer les risques et à améliorer la résilience de leur portefeuille. En répartissant leurs investissements entre différentes classes d'actifs, secteurs et régions, les investisseurs peuvent réduire l'impact des baisses d'actions ou de secteurs individuels et améliorer le profil risque-rendement de leurs portefeuilles. De plus, en intégrant des techniques de gestion des risques telles que la répartition d'actifs, la diversification et la taille des positions, les investisseurs peuvent protéger leur capital et préserver l'accumulation de richesse à long terme. En donnant la priorité à la diversification et à la gestion des risques, les investisseurs peuvent faire face à la volatilité des marchés en toute confiance et obtenir de meilleurs résultats d'investissement à long terme.

Restez informé, restez adaptatif

Le marché boursier est en constante évolution, façonné par les progrès technologiques, les changements réglementaires et l'évolution de l'opinion des investisseurs. Les investisseurs qui réussissent doivent rester informés, adaptatifs et réactifs à l'évolution des conditions du marché, des tendances économiques et des paysages d'investissement. En se tenant au courant des évolutions du marché, en menant des recherches continues et en adaptant leurs stratégies d'investissement selon les besoins, les investisseurs peuvent se positionner pour tirer parti des opportunités émergentes et relever efficacement les défis du marché. Qu'il s'agisse de rester informés des grandes tendances mondiales, de tirer parti de la technologie pour réussir sur le marché ou d'adopter des principes d'investissement éthiques et durables, les investisseurs ont la possibilité de garder une longueur d'avance et de réussir à long terme sur le marché boursier.

Conclusion : le voyage continue

Alors que nous concluons notre exploration du succès boursier, il est important de reconnaître que le voyage est continu et en constante évolution. Bien que ce guide ait fourni aux lecteurs un cadre complet pour naviguer sur le marché boursier et créer un patrimoine à long terme, il y a toujours plus à apprendre, à découvrir et à explorer. Le marché boursier est un écosystème dynamique et multiforme qui offre des opportunités infinies de croissance, d'innovation et de prospérité. En adoptant les principes de connaissance, de discipline, de diversification et d'adaptabilité, les investisseurs peuvent se lancer dans un parcours d'apprentissage et d'amélioration continus, ouvrant ainsi la voie à de nouvelles voies de réussite en bourse et au-delà. Alors que le voyage se poursuit, que les investisseurs restent curieux, résilients et déterminés dans leur quête d'indépendance financière et de prospérité. Et puissent les leçons apprises et les idées tirées de ce guide servir de boussole pour guider les investisseurs vers un avenir plus brillant et plus prospère dans le monde de l'investissement.

Remerciements

La rédaction d'un guide complet sur le succès boursier est un effort de collaboration qui implique le soutien, les conseils et les contributions de nombreuses personnes et organisations. Alors que nous concluons ce voyage, je voudrais exprimer ma sincère gratitude à ceux qui ont contribué à rendre ce guide possible.

Tout d'abord, je tiens à remercier ma famille pour son soutien et ses encouragements indéfectibles tout au long du processus d'écriture. Leur amour, leur compréhension et leur patience ont été le fondement de mon parcours, me donnant la force et la motivation nécessaires pour poursuivre ma passion pour l'investissement et l'éducation financière.

Je suis profondément reconnaissant à tous les mentors, enseignants et experts dont la sagesse et les idées ont enrichi ce guide. Leurs conseils, leur expertise et leur volonté de partager leurs connaissances ont été inestimables pour façonner le contenu et garantir sa pertinence et son exactitude.

Je tiens également à exprimer ma gratitude aux lecteurs et aux investisseurs qui m'ont inspiré pour créer ce guide. Votre curiosité, vos questions et vos commentaires m'ont motivé à approfondir les subtilités de l'investissement boursier et à vous fournir des conseils complets pour vous aider à créer un patrimoine à long terme.

Je remercie les éditeurs, rédacteurs et concepteurs qui ont collaboré à ce projet et contribué à la réalisation de ce guide. Leur professionnalisme, leur souci du détail et leur dévouement à l'excellence ont joué un rôle déterminant dans la création d'une ressource de haute qualité pour les investisseurs du monde entier.

Enfin et surtout, je tiens à exprimer ma gratitude aux innombrables auteurs, chercheurs et leaders d'opinion dont les travaux ont informé et inspiré ce guide. Leurs recherches révolutionnaires, leurs analyses approfondies et leurs idées innovantes ont ouvert la voie aux progrès de l'investissement boursier et de la littératie financière.

En conclusion, je remercie profondément tous ceux qui ont joué un rôle dans la création de ce guide. J'espère sincèrement que cette ressource donnera aux investisseurs les connaissances, les compétences et la confiance nécessaires pour naviguer avec succès sur le marché boursier et atteindre leurs objectifs financiers à long terme. Merci à tous de faire partie de ce voyage.

AUTRES LIVRES PAR AUTEUR

It's a Must Read for All Marketers...　　Full of Actionable Knowledge...

From the Author of "The Buyer's Mindset"

CRYPTO REVOLUTION

Navigating the Future of Finance in the Age of Bitcoin and Blockchain

JOHN G. STRINGER

THE
BUYER'S MINDSET

NAVIGATING THE COMPLEXITIES OF CONSUMER BEHAVIOR
AND DRIVING BUSINESS SUCCESS

JOHN G. STRINGER

www.ingramcontent.com/pod-product-compliance
Lightning Source LLC
Chambersburg PA
CBHW050046230526
45470CB00004B/1424